ANTÔNIO LUIZ GOMES

O LIVRO DAS CURIOSIDADES JURÍDICAS

PARA ESTUDANTES E PROFESSORES

1ª Edição- 2020

"Nós não somos seres humanos vivendo uma experiência espiritual. Somos seres espirituais vivendo uma experiência humana"

(Pierre Teilhard de Chardin)

SUMÁRIO

PREFÁCIO.. fl.05

I- O JULGAMENTO DE CRISTO À LUZ DO DIREITO......... fl.08
II- UMA SENTENÇA DO OUTRO MUNDO fl.19
III- UM "HABEAS CORPUS" POÉTICO. fl.34
IV- OS HONORÁRIOS E A RELAÇÃO CLIENTE/ADVOGADO... fl.39
V- UMA SENTENÇA PARA OS LADRÕES DE MELANCIAS ... fl.41
VI- A CRIMINALIDADE E A IMPUNIDADE NO BRASIL........... fl.44
VII- O CASO VALÉRIO LUIZ. (Radialista Esportivo Goiano.) .... fl..52
VIII- TRAGÉDIA NA POLÍCIA CIVIL GOIANA......................... fl.59
IX- SENTENÇA PROFERIDA NA ÉPOCA DO IMPÉRIO............. fl.63
X- UM DIA NA VIDA DE UM ADVOGADO......................... fl 72
XI- BEIJO ROUBADO É CRIME? fl.79
XII- FUTURO DE PAPAGAIO DECIDIDO NA JUST. FEDERAL..... fl.86
XIII- CRIME E PECADO.. fl.91
XIV- PENSÃO ALIMENTÍCIA: UMA FACA DE DOIS GUMES...... fl.99
XV- O JULGAMENTO DO CASO MÉRCIA NAKASHIMA............ fl.106
XVI- OS IRMÃOS NAVES: A MAIOR INJUSTIÇA BRASILEIRA. fl. 112
XVII- CASO DO GOLEIRO BRUNO: UM CRIME SEM CORPO... fl.131
XVIII- MEDICINA LEGAL: "AO CADÁVER DESCONHECIDO" fl.146
XIX- ADVOGADO COM "GRIFFE" OU DE "GRIFFE"? fl.148
XX- OS MANDAMENTOS DO ADVOGADO fl.156

CONCLUSÃO.. fl.159

APENDICE.. fl.164

AGRADECIMENTOS E DEDICATÓRIA:

Primeiramente a Deus, pela vida e por muita vontade de viver!
Ao trabalho incansável do escritor, editor e amigo Antônio Carlos Cavalcante, sem o qual a 2ª Edição deste livro não seria possível.
À memória de minha mãe, D. Ana Herculana de Sales, a mulher que realmente gostou de mim por toda a minha difícil trajetória de vida, até ela partir para a Pátria Espiritual em 2001.

APRESENTAÇÃO

É com grande alegria e satisfação que apresento ao público leitor a presente obra **"O LIVRO DAS CURIOSIDADES JURÍDICAS"** do Bacharel em Direito e Escritor Antônio Luiz Gomes, pernambucano de origem e radicado em Goiânia, Capital do Estado de Goiás, Brasil.

Sua narrativa tem fundamentação na sua própria vida profissional, com vastos conhecimentos do meio jurídico brasileiro. A observância de acontecimentos do dia a dia lhe é peculiar, e isto se confirma ao ler seus contos e suas crônicas, quase que diárias, em seu Blog **"PALÁCIO DE LETRAS-2"** que mantém pela Internet desde o ano de 2009.

A bagagem cultural do Autor poderá ser conferida neste compêndio, e está enfatizado ao longo dos 20 Capítulos deste Livro, levando o nobre leitor à cena dos fatos e do cotidiano.

Conheça adiante mais um pouco sobre processos, leis e da vida acadêmica dos ramos do Direito em geral através das páginas deste livro de cultura jurídica, destinado a alunos e professores.

Portanto, aprecie esta viagem pelo mundo do Direito que, por certo, lhe acrescentará novos conhecimentos e te levará ao passado e o presente e te mostrará casos engraçados e situações pitorescas, sempre dentro do vasto campo do conhecimento, das leis, dos processos e da literatura com fundo jurídico. Boa viagem!

MARIA DAS NEVES GOMES- Escritora
Autora do livro **"SEIS DÉCADAS, UMA VIDA"**, publicado pela Editora "Livre Expressão, São Paulo, Brasil.

PREFÁCIO

Desde o tempo em que estive na Faculdade, há mais de trinta anos, sempre tive interesse em saber alguma coisa a mais do que simplesmente absorver os conhecimentos jurídicos que me eram passados pelos mestres do Direito, muitos deles Juízes, Promotores e Advogados bem conhecidos e conceituados. E sempre me interessei pelos fatos e acontecimentos do dia a dia, e alguns históricos ligados ao âmbito judicial, o que me aguçava ainda mais a curiosidade.

No entanto, o trabalho diário junto ao Fórum, Varas Trabalhistas e em algumas Empresas e Associações paras quais trabalhei, me impediam de desenvolver minha veia literária, que sempre ia ficando para depois. E assim, fui guardando textos elaborados durante anos, para depois realizar o sonho de vê-los publicados. E isto ocorreria a partir do ano de 2009, quando então, passei a escrever num blog chamado "**O Palácio de Letras** (Blog do Antônio Gomes)" no qual, nas horas vagas, fui desenvolvendo meus contos, minhas crônicas, e trazendo a lume casos do dia a dia e comentando acontecimentos de minha cidade, do Brasil e do mundo, o que me foi incentivado nos últimos 05 anos por mais de 250 mil visitas nesta minha página literária da Internet.

E incentivado por amigos, publiquei em 2013 meu primeiro livro, cujo título é: **"O Lobisomem da Serra Vermelha"**, no qual narrei um episódio de minha vida, uma aventura pessoal ocorrida no Nordeste brasileiro.

Contudo, neste livro que ora publico, me atrevi a juntar uma coletânea de textos inéditos e outros talvez até conhecidos do público, nos quais desenvolvo a narrativa dos fatos curiosos que envolveram, ou envolvem, situações e pessoas no âmbito do Direito e da Justiça. E, embora seja pretensão demais de minha parte, espero que estes Capítulos a seguir sirvam de alguma forma para acrescentar mais conhecimentos a alunos e professores e para que leigos e leitores desocupados possam conhecer alguns casos judiciais famosos que ocorreram no Brasil nos últimos anos.

Antonio L. Gomes

Março de 2020

I - O JULGAMENTO DE CRISTO À LUZ DO DIREITO.

Há alguns anos, eu, por convite de um antigo colega da Faculdade de Direito, o **Justino Moacir Rosa**, que era pastor, acabei sendo professor de uma "Faculdade de Teologia", a **FATEG**, que funcionava em Goiânia, GO. Era uma faculdade particular, sem vínculos com qualquer igreja.

Mas nesta Faculdade não ensinei religião ou alguma Disciplina das que interpretavam ou entravam no "ramo" da Teologia. Minha área era a do Direito, da Filosofia ou História Geral e do Brasil. Ou seja, durante o tempo em que fiquei por lá, lecionei as Disciplinas: Introdução ao Estudo do Direito(IED); História; Filosofia Clássica (da Grécia antiga); Sociologia Geral e Psicologia Social. Inicialmente substituindo outros dois professores, e depois atuando como professor convidado, fiquei por oito anos consecutivos neste mister, entre 1988 e 1994.

Na época eu já era Bacharel em Direito, pois me formara em 1980, e tinha feito alguns Cursos de Especialização, de curta duração. Mas não era Mestre ou Doutor, como se denomina por ai. E assim, em aulas de finais de semana, ensinava estas disciplinas naquela Faculdade, cujos professores eram, na sua maioria, Pastores Protestantes e Pentecostais. E por isto, eu não "entrava" na área de conhecimento e ensino deles, já que minha formação, e por origem, sou e sempre fui Católico. Mas me dava muito bem com eles...Era uma convivência respeitosa, e de aprendizado também para mim.

Então, um certo dia, do começo do ano de 1991, uma das turmas de estudantes, entusiasmados com os conhecimentos de Teologia e com os poucos conhecimentos de Direito que eu, e outro Professor, passávamos para eles, resolveram fazer um "**Julgamento Simulado**", tendo **como Réu, Jesus Cristo**. Era interessante e necessário para eles, pois tal aprendizado fazia parte do "Curriculum", e todos estavam sob o clima de uma véspera de Semana Santa....

Este "Júri" Simulado, era um "trabalho" acadêmico, valendo nota para uma das Disciplinas ligadas à Teologia. E foi assim que uma Comissão de alunos-participantes queria que eu, como professor e advogado que era, os orientasse para "montar" a peça teatral, nas formalidades de um Júri mesmo, **onde o Réu seria Jesus Cristo**!

Obviamente que dei as orientações para eles, com os conhecimentos que tinha, pela vivência de mais de dez anos na labuta forense, mas não tinha tanta experiência na área criminal, pois sempre atuei mais no âmbito trabalhista e nas áreas cível e comercial. E de plano, me recusei a fazer um texto específico, com uma "Defesa". Ou de atuar como Advogado de Jesus Cristo, num **Júri simulado**, mesmo sabendo que era apenas um Julgamento de ficção, para formação dos Estudantes. E expliquei a eles, o motivo dessa minha atitude.

Simplesmente porque Jesus Cristo não teve advogado na situação real de seu julgamento. E para tal, naquela ocasião pedida pelos estudantes de Teologia, eu teria de criar um texto novo que defendesse Ele com base nas Leis da época e inspirados nos procedimentos formais de um Júri de hoje em dia, com base em nossas Leis Penais. Primeiro, porque eu não conhecia as Leis dos Judeus da época, e nem como os Romanos, da região do Oriente, julgavam tais casos. Segundo, porque achei que não seria válido criar uma defesa nova para tal caso, já ocorrido, decidido e sacramentado na História, na qual Jesus Cristo não teve um Defensor formal...

Mesmo assim, os estudantes fizeram um "Julgamento" de forma simulada, que por um motivo extra não pude ver, ou assistir, mas soube que tudo foi orientado por um outro professor, de formação Cristã, evangélico, que não se prendeu muito aos princípios e formalidades do Direito, mas com textos bíblicos e situações de julgamentos pesquisadas pelos estudantes, e que assimilaram também em filmes sobre Jesus Cristo. Julgamento feito em forma de peça teatral, com direito a ter um Jesus Cristo, um Pôncio Pilatos e um Barrabás.

Agora, muitos anos depois e após muito trabalho no ramo do Direito, muito mais estudos e algumas pesquisas que fiz, sei que **o Julgamento de Jesus Cristo foi uma farsa**. E seria anulado, tanto pelas leis da época, como pelas leis de nossos dias...

Para quem não sabe, as Leis que regulamentavam estes julgamentos eram mais ligadas aos Judeus (**Hebreus**), e muito menos às Leis Romanas. Estas Leis Judaicas, dispersas e sem Códigos específicos na época, eram desconhecidas, em sua totalidade. Então, como Jesus Cristo era de origem Judaica, e segundo eles, estava "perturbando" a ideologia ou a teologia deles. Assim, foram eles, os Judeus, que se encarregaram do "Processo".

E que me desculpem as pessoas de origem Judaica, mas **foram os Judeus daquela época e sua região que queriam a morte de Cristo.** E não há mais dúvidas sobre isto. Os últimos Filmes e Documentários que se prenderam às pesquisas, demonstraram esta verdade para todos nós.

Quanto às Leis Romanas, estas também eram dispersas até então, e nem eram realmente aplicadas naquela região onde vivia Jesus. Não haviam Julgamentos corretos e nem se obedecia muito ao que era determinado em Roma. Embora eles estivessem no Oriente (Palestina), as ordens vinham de Roma (a Cidade-Estado).

As **Leis de Roma,** (ou o chamado **Direito Romano**), que chegaram até nossos dias, foram todas compiladas e colocadas em Códigos somente a partir do ano de 530 depois de Cristo, por ordem do **Imperador Justiniano**, quando este mandou compilar e organizar o "**Corpus Juris Civílis**", ou Corpo de Leis Civis. Nesta época Justiniano, era o Imperador do **Império Romano do Oriente**, com a Capital em **Bizâncio** (daí o nome de Império Bizantino). A Cidade de Bizâncio, depois ficou sendo conhecida como **Constantinopla**, e hoje é conhecida como **Istambul**, na Turquia.

Ressalte-se que, por esta época, o **Império Romano do Ocidente**, que tinha como centro **a Cidade de Roma**, estava em decadência, pois tinha enfraquecido após ter sido **conquistada pelos Hunos em 476, d.C.** Mas esta, é uma outra história...

Como sabemos, poucos Julgamentos do passado são tão conhecidos como o de Jesus Cristo. Vale lembrar que na época do Julgamento de Jesus Cristo, a região da Palestina era governada por Roma ainda. Os Romanos permitiam que Autoridades Religiosas Judaicas administrassem a Justiça entre os Judeus, segundo suas próprias Leis (**Sinédrio**), mas pelo visto e pesquisado, não lhes concediam o direito legal de executar os criminosos. Isto ficava a cargo deles. Dos Romanos, claro! ...

Portanto, Jesus foi preso por seus "inimigos" religiosos judeus, que o "julgaram" muito mal e depois O entregaram aos Romanos. E esta parte da história todos já conhecem: **Jesus Cristo foi crucificado pelos Romanos**, sob o "poder" de **Pôncio Pilatos** (que era equivalente a um Promotor ou Procurador Judicial do Governo, hoje). Muitos erram ao afirmar que ele era o Governador de Roma, no Oriente. Há dúvidas sobre isto.

Foi assim mesmo que aconteceu: as pregações religiosas de Jesus incomodavam os Judeus. E embora Jesus fosse um Judeu de origem, da "casa' de Davi, era agora tido como um "dissidente". E, por isto, (inveja, concorrência e despeito) os Judeus se sentiram humilhados, porque Jesus estava a criar uma filosofia de vida religiosa, o **Cristianismo**.

Assim, eles "decidiram" que Jesus deveria morrer. E apesar de toda a situação já conhecida, eles queriam que todo o Processo, ou toda esta situação de Julgamento, parecesse legal....

-Mas não foi!

Uma análise dos esforços que eles fizeram para conseguir isso, levou um renomado Professor de Direito a classificar o caso como "o pior crime conhecido da história da Jurisprudência". Ou, melhor dizendo, **o Julgamento de Jesus foi a maior Injustiça da História da Humanidade...**

Uma explicação minuciosa destes acontecimentos, levaria a um texto muito longo e cansativo aqui. Pretendo agora mostrar adiante, didaticamente, como ocorreu esta Injustiça, mas não tenho a pretensão de apresentar aqui uma tese ou um trabalho científico. Daí o porquê deste texto resumido.

As Leis Judaicas da época, que eram, na maioria, transmitidas de pai para filho por tradição, de forma oral, e só foram colocadas por escrito nos primeiros séculos da Era Comum (depois de Cristo). Contudo são consideradas muito mais antigas, inclusive porque os Judeus existem desde os tempos de **Abraão** (nascido em UR, na Caldéia), e que era o patriarca deles, segundo a Bíblia. E há, obviamente, todas as leis previstas nos 5 primeiros Livros da Bíblia, no Velho Testamento, que são partes do **TORÁ, o Livro Sagrado dos Judeus**, até hoje.

Porém, para efeito de Julgamentos como o de Cristo, as leis dos Judeus, aplicadas pelo **Sinédrio** incluíam as seguintes regras:

1) Em casos passíveis de penas de morte, os argumentos pela absolvição eram ouvidos primeiro.

2) Os Juízes deveriam fazer todo o possível para salvar o acusado;

3) Os Juízes poderiam argumentar a favor do acusado, mas não contra ele.

4) As testemunhas eram alertadas da seriedade de seus papéis.

5) As testemunhas eram ouvidas separadamente.

6) Os testemunhos delas deviam ser iguais umas das outras, em local, data, hora do acontecimento. Ou seja, não poderiam ser totalmente diversas as suas afirmações.

7) As acusações passíveis de pena de morte, tinham de ser julgadas durante o dia, e concluídas também durante o dia.

8) Casos passíveis de "Pena de Morte", não podiam ser julgados na véspera de um sábado religioso, ou de uma festividade.

9) Os casos passíveis de pena de morte eram julgados por, pelo menos, 23 Juízes

10-Uma condenação sem que pelo menos um Juiz tivesse argumentado a favor do réu, era considerada inválida. Uma condenação unânime, era considerada indício de conspiração.

11) -Casos passíveis de pena de morte poderiam começar e terminar no mesmo dia, se o réu fosse considerado inocente. Contudo, se o réu fosse considerado culpado, o caso só poderia ser encerrado no dia seguinte, quando o Veredicto seria anunciado, e a Sentença executada.

12) -Os Juízes votavam um de cada vez, na hora de absolver ou condenar um réu, começando pelo Juiz mais novo. Os escribas registravam as palavras dos que eram a favor da condenação (parecido com a votação dos quesitos, no Direito Penal Brasileiro).

13) -Para alguém ser absolvido, bastaria a diferença de um voto; porém, para que houvesse condenação era necessário que houvesse a diferença de pelo menos dois votos. Se houvesse a diferença de apenas um voto pela condenação, convocavam-se mais Juízes, dois de cada vez, até haver uma diferença de dois votos, pela condenação.

Como se viu, se o Julgamento de Jesus tivesse sido feito, pelos próprios Judeus, seguindo fielmente as leis deles, ou Ele teria sido Absolvido, ou nem haveria julgamento. Mesmo porque **crime nenhum Ele cometeu...**

Mas os Judeus, após este julgamento falso no Sinédrio, entregaram Jesus aos Romanos. E os Romanos, por seu lado, não cumpriram nem as Leis de Roma nem as Leis dos Judeus. Enfim, os

Governantes Romanos na região encenaram uma farsa para agradar os Romanos, que não gostavam de Jesus. E para agradar os Judeus que viam Jesus como um dissidente, um concorrente à supremacia da Religião deles na região, na época.

Para sacramentar e comprovar esta minha "teoria" sobre tal ilegalidade no Julgamento de Jesus, cito adiante quais foram **as principais irregularidades ocorridas no Julgamento**, com base nas Leis da época, e que levou à Crucificação de Jesus Cristo pelos Romanos.

VEJAMOS:

1- O Tribunal não ouviu os argumentos, nem as testemunhas a favor da absolvição. Depois, somente argumentou, via Pôncio Pilatos, quem eles queriam ver solto, ou quem queriam ver crucificado. E todos nós sabemos que Barrabás foi solto e Cristo foi crucificado

2- Nenhum Juiz ou Advogado defendeu Jesus. A maioria dos que estavam ali eram inimigos de Jesus.

3- Os Sacerdotes, todos ligados aos Judeus e ao Sinédrio, procuraram falsas testemunhas, para condenar Jesus à morte.

4- O Processo foi julgado à noite com portas fechadas, pelos Judeus;

5- O Julgamento começou e terminou no mesmo dia.

6- -O Julgamento de Cristo começou e terminou no mesmo dia, às vésperas de um feriado Judeu, ou festividade Judaica (**Pascoa** ou **"Pessac"**). Além disso era sexta-feira e os Judeus tem como dia sagrado o Sábado (ou **"Sabath"**, um feriado para eles.)

7- Não houve nenhuma Acusação formal antes da Prisão de Jesus.

8- A Acusação de que **Jesus era O Messias**, considerada uma blasfêmia na época, não foi sequer analisada.

9- A Acusação foi alterada, quando Jesus chegou perante Pôncio Pilatos.

10- Finalmente, as Acusações eram todas falsas, e Pôncio Pilatos considerou **JESUS** como **INOCENTE** – (Ou como dizem: **"Lavou as mãos"**), porém mesmo assim mandou executá-lo. E na época, era comum amarrar ou pregar criminosos numa Cruz.

ORA! Digo eu. Jesus era inocente para ele e mesmo assim Pôncio Pilatos mandou Crucificá-lo?

- Seria como um Promotor hoje, num Júri dizer que o Réu é inocente e mesmo assim pedir a condenação deste réu. É uma incoerência, e uma Injustiça. No Julgamento de Cristo, não havia o Tribunal do Júri como hoje, onde não há empates e os Jurados é que decidem. O Julgamento de Cristo foi uma farsa, enfim. E cheio de falhas...erros,

vícios e interesses políticos, mesmo em relação às leis dos Judeus e dos Romanos, é o que concluímos.
-Mas, foi o que aconteceu.

Era tão controversa esta situação, e falso este Julgamento, que os mesmos Romanos, que acabaram Crucificando Jesus, para agradar os Judeus, colocaram sobre a cabeça Dele uma coroa de espinhos e na Cruz, acima de sua cabeça, após a crucificação, pregaram uma placa com os dizeres: "**INRI**", cujas letras são as iniciais de **JESUS NAZARENO REI DOS JUDEUS**" (aqui, por causa do idioma latino falado pelos Romanos, e Aramaico, por Jesus, o "I" tem validade e som de "J").
Mas hoje sabemos bem que **Jesus Cristo nunca foi o Rei dos Judeus**. Todos nós, Cristãos de verdade sabemos que Jesus Cristo foi, é, e sempre será **o REI DOS REIS**!
E digo eu:
-**Quem são os judeus diante dos Rei dos Reis**?
Eles estão esperando o "Messias" deles até hoje...
Ouvi, recentemente uma fala num filme em que o personagem, após ouvir uma oração de uma Cristã diz: "**Se os Judeus tivessem ouvido e seguido os ensinamentos de Cristo, não viveriam atribulados com guerras, como vivem até hoje**".
E eu completo: **Eles nem encontraram ainda a tal "Terra Prometida". Pelo contrário, tomaram as terras dos Palestinos, onde vivem também muitos Cristãos.**
Hoje, quando escrevo este texto, tenho certeza exata de que eu jamais poderia ser um Juiz ou um Advogado, em um Júri Simulado, ou numa Peça Teatral, num Julgamento de Cristo. Como queriam aqueles estudantes de 1991, na Faculdade de Teologia...

Naquela época eu, já achava mesmo que Cristo não precisava de Advogado! E não me sentia preparado para tanto. Nem mesmo num Júri Simulado onde eu teria de fazer a Defesa Dele.
Hoje, mais do que nunca sei que **tudo tinha que ser tal como foi**.
EU? DEFENDER CRISTO?
Eu não podia...tanto porque me faltava conhecimentos na época. Como e porque não tenho tais conhecimentos até hoje.
ALÉM DISSO, o Condenado à Morte, de nome **Jesus Cristo**, VENCEU A MORTE...ELE RESSUSCITOU! **JESUS RESSUSCITOU!**

JESUS NÃO TEVE UM ADVOGADO HUMANO.

ELE NEM PRECISAVA. **ERA INOCENTE!**

O "ADVOGADO" DELE ERA DEUS!

OU MELHOR, **DEUS É O JUIÍZ DOS JUÍZES**!
........E DEUS LHE ABSOLVEU E LHE DEVOLVEL **A VIDA ETERNA!**

Enfim, **JESUS CRISTO** já era naquela ocasião, e naquela época, e será sempre **O FILHO DE DEUS!**

II - UMA SENTENÇA DO OUTRO MUNDO!

Quando eu estava na Faculdade de Direito, em Goiânia, Goiás, eu tinha muitos professores que eram Juízes, Promotores e Advogados. Entre estes, um que era Juiz titular da 6ª Vara Criminal, do Fórum de Goiânia, GO, cujo nome era **Dr. ORIMAR DE BASTOS**.

Embora ele fosse o nosso professor da Disciplina **"Direito Internacional Público"**, sua atuação profissional era, até então, na área criminal. E nesta sua Vara Criminal tramitou um processo de crime de morte, um caso diferente, interessante mesmo, que culminou com uma Sentença prolatada por ele, cujo teor e resumo passo a discorrer.

Na época ele foi notícia na Mídia Nacional, (Rádio, TVs e Jornais), **por causa desta Sentença prolatada por ele**, em que decidiu **pela Absolvição de um Réu**, e que para tal se baseou em uma **"Carta Psicografada"**. Tal carta, foi juntada ao processo pelo advogado da família do Réu, e ele afirmava que a carta tinha sido escrita pela vítima, depois de sua morte, logicamente. A Vítima, de nome **MAURÍCIO GARCÊZ** através desta carta psicografada, inocentava o réu, de nome **JOSÉ DIVINO NUNES**.

Na época o próprio Professor Orimar de Bastos nos falou sobre esta Sentença incomum, prolatada por ele. Contudo, ele evitava falar com os alunos sobre o assunto. Mas como a notícia já havia sido mostrada em toda a Imprensa, não teve como ele fugir do assunto. Como esta Sentença foi uma das primeiras a ser prolatadas tendo como base uma Carta Psicografada, ela teve grande repercussão nos meios de comunicação. O Professor-Juiz deu várias entrevistas sobre o caso.

Interessado pelo assunto, além de estudante de Direito que eu era, fiz uma pesquisa sobre o assunto e ponto de folhear o processo que tramitava pelo **Cartório da 6ª Vara Criminal**, sendo que a escrivã deste Cartório era uma nossa colega de turma, a Clarinda. Isto facilitou o acesso ao Processo, que me trouxe à luz o tema espiritismo, e as teorias que se defendiam até então **sobre a validade ou não destas Cartas**.

Assim, transcrevo a seguir o que descobri e fiquei sabendo sobre o presente processo, que envolveu pessoas de nossa Cidade de Goiânia e **esta Decisão "Sui Generis"**, sobre tal caso verdadeiro, que aconteceu em **1976**, e cujo processo tramitou pela 6ª Vara até o ano de 1979. Não me adentrei muito aos princípios do espiritismo, e me ative mais aos procedimentos, ou formalidades, e aos questionamentos jurídicos. E deixei as questões de fundamentos espiritualistas para posterior manifestação dos entendidos leitores e os que possam responder às dúvidas dos curiosos...

O Caso de Homicídio, que agora conto, conhecido como o "**Caso da Roleta Russa**", em resumo, ocorreu assim:

No dia **08 de maio de 1976**, no Bairro de Campinas, em Goiânia, Goiás, um adolescente, estudante de 15 anos de idade, de nome **MAURICIO GARCEZ**, foi vítima de um disparo de arma de fogo, fruto de uma brincadeira, do tipo "Roleta Russa", com seu amigo **JOSÉ DIVINO NUNES**, de 18 anos de idade. Na época Maurício foi hospitalizado, e em pouco tempo morreu. Imediatamente foi preso o seu então amigo e autor do **disparo acidental**, de nome José Divino Nunes, que mesmo com 18 anos de idade naquela época, pelo **Código Penal** vigente já era considerado capaz para ser processado criminalmente. Hoje sabemos que os menores que contavam com a idade entre 18 e 21 anos de idade, tinham atenuantes previstas no Código Penal (o de 1940), vigente até a publicação deste livro.

Assim, após as investigações de praxe, o Inquérito Policial terminou ainda em 1976, e foi encaminhado ao **Fórum de Goiânia**, que depois da Denúncia formal feita pelo Dr. Promotor de Justiça, o mesmo foi distribuído à 6ª Vara Criminal, onde o Juiz titular era exatamente meu Professor de Direito Internacional Público, o Dr. Orimar de Bastos, já citado.

Toda a Instrução Criminal, a oitiva de testemunhas, juntadas de documentos e demais formalidades legais durou três anos. **Em 1979,** após ter conhecimento da juntada aos Autos, da tal "Carta Psicografada" por parte do advogado da família da Vítima, o Dr. Orimar de Bastos, entendendo ser um caso diferente, em vez de dar uma Sentença de Pronúncia e encaminhar o Julgamento pelo Tribunal do Júri, já que se tratava de um crime de Homicídio, prolatou a Sentença, num **Julgamento Sumário e absolveu o Réu**, Mauricio Garcez, **com base na** tal **Carta Psicografada**. A repercussão nos meios jornalísticos e na TV foi total. Todo o Brasil queria saber da história. E soube.

Segundo foi noticiado pela Imprensa, na época, **este foi um dos primeiros casos em que um réu,** denunciado por crime de homicídio, **foi absolvido com base numa Cara Psicografada**. Porém, há algumas controvérsias nesta estória toda, que vamos demonstrar aqui.

A bem da verdade, a Carta Psicografada, trazida aos autos pela família e pelo advogado do Réu, foi analisada até por Peritos, para confrontar a assinatura da mesma, com a assinatura que havia no documento (cópia) e original, de identidade do jovem Maurício, então falecido. O Perito confirmou que eram idênticas as assinaturas. Foi juntada aos Autos, também, uma cópia de um Jornal da Capital que havia publicado a Carta. O MM. Juiz aceitou-a como uma das Provas, mas não decidiu o feito (processo) somente com base nesta Carta.

Foi o que deduzi pelo que vi e soube do Processo...

O certo é que, as afirmações contidas na Carta, coadunavam com as declarações em Interrogatório, feita muito tempo antes, pelo Réu José Divino, e que constavam, obviamente, do Processo Criminal. Assim, a Carta fez parte do conjunto probatório do Processo. E no final, como já dissemos, foi utilizada pelo MM. Juiz, para formar sua convicção, e determinar a Absolvição do José Divino Nunes, conforme constou dos Autos.

Conforme constou do Inquérito Policial, acostado aos Autos, "**no dia Fatídico (08/05/1976**), o jovem Mauricio Garcez, ao invés de estar em sua casa estudando, foi até a casa de José Divino e numa brincadeira tipo Roleta Russa, este seu amigo, que estava de posse de um revólver, apontava a arma para sua imagem refletida num espelho, efetuou o disparo fatal, que, segundo o José Divino, foi acidental, mas que veio a vitimar o amigo Maurício"

Segundo consta dos Autos, a 1ª Carta foi Psicografada em 27 de maio de 1978, numa **Reunião Pública** do "**Grupo Espírita Prece**", na Cidade de **Uberaba**, Estado de Minas Gerais. Quem trouxe estes dizeres da Carta à tona foi o Médium, bem conhecido de todos nós, de nome **Francisco Cândido Xavier**, o que fez a pedido da Família do Réu. Nela o falecido Maurício ("**Desencarnado**", como dizem os Espíritas) inocentava seu amigo José Divino.

Num certo trecho da Carta Psicografada (conforme consta da Cópia da Carta do jornal no Processo) o falecido Maurício Garcez escreveu: "**O JOSÉ DIVINO NÃO TEVE CULPA EM MEU CASO. BRINCÁVAMOS A RESPEITO DE SE FERIR ALGUÉM, PELA IMAGEM NO ESPELHO; SEM QUE O MOMENTO FOSSE PARA QUALQUER MOVIMENTO MEU, O TIRO ME ALCANÇOU, SEM QUE A CULPA FOSSE DO AMIGO, OU MINHA MESMO ..."**

Num outro trecho desta mesma Carta, a vítima (falecido) Maurício Garcez diz: "**...O RESULTADO FOI AQUELE, HOSPITALIZAÇÃO DE EMERGÊNCIA, PARA DEIXAR O CORPO LONGE DE CASA. SE ALGUÉM DEVE PEDIR PERDÃO SOU EU, PORQUE NÃO DEVIA TER ADMITIDO BRINCAR, AO INVÉS DE ESTUDAR ..."** Obviamente que o grifo e a letra em caixa alta são por minha conta, para evidenciar o que estava escrito na Carta, mas a Letra na mesma é de grafia comum, em manuscrito de quem está estudando com 15 anos de idade...etc.

E foi assim que, com base no conjunto probatório, oitiva de testemunhas, declarações prestadas pelo Réu José Divino e nesta

Carta Psicografada, cuja cópia foi Juntada aos Autos, que o Dr. Orimar de Bastos, Juiz de Direito da 6ª Vara Criminal e meu professor de Direito Internacional Público na época, **prolatou a Sentença absolvendo o Réu José Divino Nunes, em 16 de julho de 1979.**

Contudo, quem é da área do Direito sabe que, pelas nossas leis Penais, especificamente pelo que determina o Código de Processo Penal vigente, em casos de crimes contra a vida, especificamente, o **Homicídio doloso,** o Réu deve ser levado ao **Tribunal do Júri**, o chamado Júri Popular, no qual **7 (sete) Jurados** decidem e o Juiz apenas Preside, põe ordem no Tribunal, e dá a Sentença. São os 7 Jurados que após participarem de toda a solenidade do Julgamento, ouvindo as alegações da Defesa e do Promotor e votar os quesitos formulados pelo Juiz, que dão **o Veredicto final**. É assim o procedimento na Justiça brasileira até hoje. Porém, o Dr. Orimar de Bastos, compreendendo ser diferente naquele caso, entendeu ter sido um crime acidental e culposo, e por isso prolatou uma **Decisão Sumária**, não "pronunciando" o Réu para ir ao Tribunal do Júri Popular. Ou seja, **absolveu sumariamente o réu da imputação que lhe era feita...**

Em sua Sentença, na parte do Relatório, neste caso do José Divino X Maurício Garcez, disse o Nobre Magistrado Orimar de Bastos: "...Foram juntados aos Autos um recorte de Jornal, (com **a Cópia da Carta**), e uma Mensagem Espírita (a própria Carta) "enviada" pelo falecido Maurício Garcez, via Francisco Cândido Xavier, e que na Mensagem, enviada do Além, o falecido relata também o fato que originou sua morte..." Como sabemos, nesta parte da Sentença, normalmente o MM. Juiz faz todo aquele "rebuscamento" jurídico, analisando provas, citando depoimentos etc. É o Relatório...

E no caso em questão o MM. Juiz entendeu que **NÃO HOUVE DOLO** na conduta do Réu José Divino Nunes. Entendeu ele que, naquele momento fatal, houve um "disparo acidental", e que o Réu não teve intenção de matar, ou de querer o ilícito. Ou seja, na pior das hipóteses, cometeu um **Crime Culposo**. Segundo relata ele em sua Sentença, quem abriu a bolsa na casa do José Divino para pegar a arma, foi o Maurício. Quem pôs as balas no "tambor" do revólver, foi o Maurício. E quem deu o primeiro disparo nesta "**Roleta Russa**", foi o Maurício. No final de seu Relatório, diz o MM. Juiz: "Temos de dar credibilidade à Mensagem de fls. 170 dos Autos (A Carta Psicografada), embora na esfera jurídica não apareceu nada igual, em que a própria vítima, após a sua morte, vem fornecer dados ao Julgador para este Sentenciar..."

E continua o Magistrado na parte final de sua Sentença: "... Na Mensagem Psicografada por Francisco Cândido Xavier, a vítima relata o fato e isenta de culpa o acusado, fala da brincadeira com o revólver (Roleta Russa) e o disparo da arma...". O MM. Juiz fala ainda na sua Sentença que" o texto contido na tal Carta, coaduna com o relato do acusado José Divino, quando de seu Interrogatório (às fls. 100, do Processo)."

Ressalte-se que as Declarações do Acusado José Divino nos Autos foram feitas bem antes de ser juntada a Carta (fls. 170), pois naquela época, antes das mudanças que vieram ao Código de Processo Penal, o Interrogatório do Réu era logo no início do Processo, logo após a **Denúncia** feita pelo Dr. Promotor de Justiça.

Ou seja, iniciada a Ação Penal com a Denúncia, logo era marcado o **Interrogatório do Réu**.

E finalmente, após fazer alguns questionamentos no bojo da Sentença, o MM. Juiz diz: ". Por mais que procuremos, em todo o processo, encontrar a culpabilidade do evento no acusado José Divino Nunes, esbarramos com a falta de requisitos necessários ao delito em que foi ele enquadrado." (Indiciado, Denunciado).

Ao final, DECIDIU O MM. JUIZ: "Vistos, etc....Julgamos improcedente a Denúncia de Fls. ...para **ABSOLVER**, como absolvido temos, a pessoa de José Divino Nunes, pois o delito por ele praticado não se enquadra em nenhuma das sanções (penalidades) do Código Penal Brasileiro vigente, porque o ato cometido, pelas análises apresentadas, não se caracterizou de nenhuma previsibilidade. Fica, portanto, absolvido o acusado da imputação que lhe é feita "...P.R.I..... Segue-se a assinatura do Juiz, data, carimbo judicial etc.

Esta sentença, reafirmo, foi prolatada em 16 de julho de 1979. Aqui, obviamente não está todo o texto da Sentença, mas apenas os aspectos principais dela, para explicar este caso de Carta Psicografada como Prova.

Posso dizer que pelo que entendi, o MM. Juiz decidiu não só com base na Carta, mas também por todas as outras provas carreadas para o processo. No caso, a Carta Psicografada foi a maior das provas, que ajudou a formar a convicção do Juiz para a Absolvição do Réu. De qualquer forma, esta decisão inédita foi motivo de muitas reportagens na TV. As manchetes dos jornais foram muitas a respeito deste caso. A mais repetida foi:

" **Juiz de Goiás absolve réu com base em Carta Psicografada"**. As emissoras também mencionaram que a tal Carta foi psicografada pelo famoso **Médium Espírita** Francisco Cândido Xavier. Os Espíritas, obviamente, dão maior ênfase ao assunto, tanto em reuniões, palestras, na TV no rádio e nos jornais. **Ficou em evidência o tema** "**Carta Psicografada**" por muito tempo.

Nas **Faculdades de Direito** de todo o Brasil fez-se trabalhos e mais trabalhos sobre o tema. Até Monografias de final de curso, Teses de Formatura etc. Alguns a favor, outros contra o fato de a Carta Psicografada servir de prova para absolver alguém, como neste caso. Enfim, discutiu-se muito a sua validade como Prova. Até hoje em dia, curiosos, estudiosos e alunos de Direito, procuram se aprofundar neste tema, em trabalhos escolares. É muito interessante mesmo essa "teoria" ou discussão sobre esta modalidade de Prova, para se utilizar juridicamente. Eu pessoalmente sou contra.

Entretanto, para esclarecer melhor os leitores, e voltando ao processo envolvendo o Réu José Divino Nunes e a Vítima Maurício Garcez, **antes de "Transitar em Julgado a Sentença"**, assim que foi Intimado o Dr. Promotor de Justiça, este **RECORREU** e no prazo legal, em **14 de agosto de 1979**, o Processo "**subiu**" para o **Tribunal de Justiça do Estado de Goiás**. Lá, após algum tempo, como é comum na Justiça, o Tribunal de Justiça, através do **Desembargador Dr. Rivadávia Licínio de Miranda,** nomeado Relator para o caso, cujo voto foi seguindo por seus pares, **entendeu que o Caso deveria ser Julgado pelo Tribunal do Júri**. Em seu Acórdão disse em resumo que" ...**A Psicografia se mostrava incompatível ao Direito Positivado etc. etc."**

E assim, após toda a demora da Justiça em marcar datas para os **Julgamentos pelo Tribunal do Júri** e Audiências, como é de praxe, finalmente em **02 de julho de 1980**, (ano em que me formei em Direito), aconteceu **o Julgamento pelo Tribunal do Júri** do famoso "**Caso da Roleta Russa**", como mostraram os jornais. Enfim ocorreu o Júri na sala própria do **Fórum Heitor de Moraes Fleury**, (o antigo), que funcionava ali na Praça Cívica, (Praça Dr. Pedro Ludovico Teixeira) no centro de Goiânia. Neste dia, sob a presidência do MM. **Juiz Dr. Geraldo Deusimar Alencar** aconteceu o tão comentado "**Julgamento do Ano**". E quem fez a Acusação foi o **Dr. Promotor de Justiça** à época, **Dr. Iran Velasco do Nascimento**. E quem fez a defesa do Réu, José Divino Nunes, que estava presente, foi o **Dr. José Cândido da Silva,** advogado militante, já de idade, calejado em fazer júris. Quem militava no Fórum de Goiânia, na época conhecia todos eles... Como eu, por exemplo, que era ainda estagiário e estava no final do Curso de Direito (último período).

Após toda a leitura do Libelo Acusatório, oitiva de testemunhas, debates orais, réplica e tréplica entre o advogado de defesa e o Representante do Ministério Público (Promotor), Votação dos Quesitos (em sala secreta) pelos Jurados, etc. enfim, o **Réu José Divino Nunes FOI ABSOLVIDO DA IMPUTAÇÃO QUE LHE ERA FEITA, POR 6 X 1. (SEIS A UM) -** Decisão dos Jurados, que são soberanos nestes casos. Não houve recursos nem protestos por novo Júri, como cabia à época.

PORTANTO, se não valeram totalmente os argumentos do advogado da família do Réu, no que tange à validade como Prova da Carta Psicografada, que antes fora rechaçada pelos Desembargadores, ela acabou sendo tema de vários questionamentos jurídicos até hoje. **E a Carta Psicografada foi, de qualquer forma, uma novidade, sob o ponto de vista de Provas, no Âmbito do Direito Penal Brasileiro...**

E foi uma novidade, sem dúvida, no Direito brasileiro.

Eu, pessoalmente, **tenho ainda muitas dúvidas sobre a veracidade ou não destas "Cartas Psicografadas".** São Mensagens vindas do Além mesmo? Como explicar que estas assinaturas, feitas por médiuns, na verdade, com as características da assinatura da pessoa morta, possam ser tão idênticas, às assinaturas feitas pela pessoa ainda quando esta estava na vida terrena, a ponto de convencer Peritos?

-E estas mensagens escritas, com a pessoa morta se comunicando, via Carta, com os vivos?

-Como os médiuns conseguem isto?
-Tenho muitas dúvidas.

Finalmente, para não deixar de lado a minha veia literária e cética, pergunto:
- **E se o falecido for analfabeto, não sabia ler nem escrever e nem assinar o nome enquanto estava vivo, como envia a Carta Psicografada?**

-**A Escrita, (leia-se grafia) é dele, ou do Médium?**

Com a palavra, os espíritas...

NOTA 1: Em 20 de março de 2014, na cidade de Uberaba, Estado de Minas Gerais, num outro Julgamento de um Crime de Homicídio, uma outra Carta Psicografada foi usada como prova.

Para provar sua inocência, a defesa do Réu de nome **Juarez Guide da Veiga**, se utilizou de trechos do que teria dito a vítima **João Eurípedes Rosa**, conhecido como "**Joãozinho Bicheiro**", através de uma carta e por meio de um Médium. Na chamada "**Correspondência Pós-Morte**", conhecida como "**Carta Psicografada**" pelos Espíritas, e a vítima (obviamente já morta) diz ter dado motivos para o crime, ao agir com ódio, ao ver sua ex-companheira em companhia do Réu Juarez.

Segundo notícia veiculada no dia 22/03/2014, no jornal "O Popular" de Goiânia, Goiás, o crime ocorreu há quase 22 anos, e a mulher envolvida no triângulo amoroso, também foi beneficiada com o **Veredicto**, pois segundo o Ministério Público, ela teria tramado a morte do ex-marido, em companhia do réu, para ficar com a herança.

Contudo, na Mensagem Psicografada, o morto a defende de qualquer participação dela na sua morte e pede para que ela fique cuidando dos dois filhos do casal. Em um dos trechos da carta o morto diz: "**Você tem uma vida inteira pela frente, e muito o que fazer para criar e educar os nossos filhos** ".

E penso eu:

-**Isso é que é um marido morto e bom.**

-Aliás, corno, bom e bem morto...

Em outro ponto da Carta Psicografada o falecido Joãozinho Bicheiro diz, assumindo a culpa pela própria morte: "Eu estava dominado pelo ciúme, e completamente à mercê do meu próprio despreparo espiritual"

-Isso sim é um morto consciente e conhecedor de suas falhas humanas...

O Crime aqui neste caso aconteceu ainda quando o bicheiro, agora morto, já estava separado de fato da mulher, embora ainda estivesse casado no papel. Ele a "pegou" no flagra chegando em casa dentro do carro do réu. Ele que já estava desconfiado e com ciúmes, trocou tiros com o réu, e baleado não resistiu. Com o julgamento realizado na quinta feira dia 22/03/2014, encerrou-se o processo. Foi expedido Mandado de Contra Prisão do réu Juarez Veiga, que já não é mais considerado foragido da Justiça. Segundo disse o advogado dele, o réu, embora agora absolvido, não deve voltar a sua cidade natal (Uberaba) pois já sofreu muito todo o tempo em que residiu fora e longe da família, e agora não quer viver com medo nesta cidade. E porque já foi ameaçado de morte por parentes da vítima.

NOTA 2 : UBERABA, a cidade já citada aqui nos dois casos contados, fica no Estado de Minas Gerais, Brasil. A cidade é bem conhecida por ser considerada a "terra" do **Médium Espírita Francisco Cândido Xavier**, o "**CHICO XAVIER**". No presente caso as mensagens constantes do Processo somam 17 páginas, e foram Psicografadas por **CARLOS BACCELLI**, um ano após a morte do Bicheiro Joãozinho, ou João Eurípedes Rosa.

O Médium CARLOS BACCELLI é na verdade um dentista por profissão, mas é médium "nas horas" vagas e escritor. Já escreveu mais de 100 livros, alguns deles escritos em "parceria" com Chico Xavier.

Durante este último julgamento o Juiz Fabiano Garcia Veronez considerou desnecessária a exibição da Psicografia. Contudo, segundo o advogado do Réu, o Dr. Rondom Fernandes de Lima, a Carta Psicografada, onde consta o "depoimento pós-morte", somada às outras provas contidas nos Autos, teve grande importância na decisão. O promotor que atuou no caso, o Dr. Rafael Soares Moreira Borba não comentou a Sentença, mas assim que quatro dos sete jurados votaram a favor do réu, ele reconheceu a tese de legítima defesa e pediu a absolvição do Réu.

Portanto, como no caso de Goiânia, citado linhas atrás, a carta psicografada foi uma das provas, mas não a principal ou a única...

CURIOSIDADE: Há outro caso, ocorrido em Goiás que inclusive foi contado no Programa Linha Direta da Rede Globo, (Cujo apresentador era o Domingos Meireles), na qual o jovem **Henrique Emanuel Gregoris** (24 anos de idade) foi morto também com uma arma, num tiro dito acidental, desferido por João Batista França, um amigo recente que ele fizera em 1976... Coincidentemente o Dr. Orimar de Bastos do caso do Maurício Garcez, também foi Juiz neste caso, ocorrido fevereiro de 1976 e decidido em junho do mesmo ano..

O réu foi absolvido. O Dr. Orimar falou sobre isto na TV também. **O DR. Vanderlei de Medeiros**, era o advogado neste caso, e chegou a ser Presidente da OAB/GO. O Sobrinho dele, Luis Inácio Medeiros estudou Direito comigo.

O Dr. Orimar falou, muitos anos depois do acontecido, no Programa Linha Direta, que este caso também se tratava de um crime por acidente, por isto absolveu o Réu, sumariamente...Ou seja, sem que o Réu fosse a julgamento pelo Tribunal do Júri.

Ressalto aqui, a título de Curiosidade para os Estudantes de Direito que, embora eu fosse muito interessado pelos casos criminais que aconteciam e que acontecem no dia a dia, e que são noticiados pela TV e pelos jornais impressos ou pela mídia eletrônica, nunca me interessei em advogar na área criminal. Contudo, gosto de ler e escrever sobre o assunto, como verão adiante.

III-UM "HABEAS CORPUS" POÉTICO

Conta-se por aí, nos meios jurídicos, esta estória bem conhecida dos nordestinos, principalmente dos que militam na Justiça de Pernambuco e Paraíba, que lá pelos idos anos de 1955 do século passado, um grupo de boêmios **fazia uma serenata** numa bela madrugada do mês de junho, na cidade de **Campina Grande**, Estado da Paraíba, quando foi surpreendido pela Polícia, que entendendo que eles estavam perturbando o sossego público, interrompeu a alegria dos seresteiros, e **apreendeu o sonoro violão**.

Todos os boêmios ficaram muito emocionados com aquela apreensão do instrumento musical. Afinal, como continuariam a Serenata sem ele? No dia seguinte, recorreram ao então advogado Paraibano **RONALDO CUNHA LIMA**, que na época era recém-formado, e um apreciador de Serestas. **O objetivo dos boêmios era de "liberarem" o violão apreendido**, que ficara sob a vigilância do Cartório e sob a custódia do Juiz, pois sem ele, como continuar fazendo Serenatas?

Obviamente, que poderiam comprar outro violão, mas aquele era de estimação do dono, um dos seresteiros...E assim, contrataram o advogado **Cunha Lima** para que peticionasse em Juízo, **solicitando a liberação do Instrumento Musical, o Violão**.

E assim fez o nobre causídico paraibano, conhecedor recente do Direito, mas apreciador de Serenatas nas horas vagas. E ele entrou com um pedido de "**HABEAS CORPUS**", para liberar o violão. A Petição ficou então conhecida nos meios forenses como "**HABEAS PINHO**" (Normalmente os bons violões são feitos da madeira conhecida como "pinho"). E até hoje muitos escritórios de advocacia, bares e casas noturnas do Nordeste têm uma cópia desta petição e da decisão do Juiz, enfeitando suas paredes, chamando atenção e aguçando a curiosidade dos clientes e frequentadores.

     Este advogado que pediu a liberação do violão dos boêmios, via Petição Judicial, com o tempo, abraçou a vida pública e se tornou um **Político bem conhecido** em todo o Nordeste, principalmente no Estado da Paraíba, tendo se tornado, alguns anos depois, Deputado Estadual, Prefeito de Campina Grande (PB), Deputado Federal e **Governador do Estado da Paraíba**.
Infelizmente ele já partiu para a Pátria Espiritual. O nobre causídico, poeta-seresteiro nas horas vagas e político paraibano, faleceu no dia 07 de julho de 2012, com 76 anos de idade...

     Mas um seu filho de nome **Cássio Cunha Lima**, herdou sua veia política, e foi governador, senador etc. E até a feitura deste livro, era candidato a Governador naquele Estado. Não ganhou, nas eleições de 2014, mas seu filho, neto do autor destes versos abaixo, foi eleito Deputado Federal pela Paraíba.

SEGUE ENTÃO, O TEOR DA FAMOSA PETIÇÃO. E EM   SEGUIDA A DECISÃO DO MAGISTRADO:

PETIÇÃO DE HABEAS CORPUS:

Exmo. Sr. Dr. Artur Moura, Meritíssimo Juiz de Direito da 2ª Vara desta Comarca,

> O instrumento do crime que se arrola
> Neste processo de contravenção,
> Não é faca, revólver, nem pistola,
> É, simplesmente Doutor, um violão.
>
> Um violão, Doutor, que na verdade,
> Não matou, nem feriu um cidadão,
> Feriu sim, a sensibilidade,
> De quem o ouviu vibrar na solidão!
>
> O Violão é sempre uma ternura,
> Instrumento de Amor e de Saudade,
> Ao crime ele nunca se mistura,
> Inexiste entre os dois, afinidade.
>
> O Violão é próprio dos cantores,
> Dos menestréis de alma enternecida
> Que cantam as mágoas e que povoam a vida
> Sufocando, assim, suas próprias dores!
>
> O Violão é música e é canção,
> É sentimento de vida e alegria,
> É pureza, é néctar que extasia,
> É adorno espiritual do coração.
>
> Seu viver como o nosso, é transitório
> Porém, seu destino se perpetua,
> Ele nasceu para cantar em plena rua,

E não para ser arquivo de cartório.

Mande soltá-lo pelo amor da noite,
Que se sente vazia em suas horas,
Para que volte a sentir o terno açoite,
De suas cordas leves e sonoras!

Libere o Violão, Doutor Juiz,
Em nome da Justiça e do Direito
É crime, porventura, o infeliz,
Cantar as mágoas que lhe enche o peito?

Será crime, e afinal, será pecado,
Será delito de tão vis horrores,
Perambular na rua um desgraçado,
Derramando na rua as suas dores?

É o apelo que aqui lhe dirigimos,
Na certeza do seu acolhimento,
É somente liberdade, o que pedimos
E, nestes termos, vem pedir Deferimento!

,

_____

Assinado: **RONALDO CUNHA LIMA**

Advogado.

O MM. Juiz, Dr. Artur Moura, da 2ª Vara da Comarca de Campina Grande (PB) assim **DECIDIU**, em forma de Soneto:

"Recebo a Petição escrita em verso,
E despachando-a sem Autuação,
Verbero o ato vil, rude e perverso,
Que prende no Cartório, um Violão.

Emudecer a prima e o bordão,
Nos confins de um arquivo em sombra imerso,
É desumana e vil destruição,
De tudo que há de belo no Universo.

Que seja Sol, ainda que desoras,
E volte à rua em vida transviada,
Num esbanjar de lágrimas sonoras.

Se grato for acaso, o que lhe fiz,
Noite de lua, plena madrugada,
Venha tocar à porta do Juiz!"

    P.R.I.

Dr. Artur Moura –Juiz de Direito

IV- OS HONORÁRIOS E A RELAÇÃO CLIENTE ADVOGADO

1) PRIMEIRO TELEFONEMA DO CLIENTE AO ADVOGADO: 10:00 Horas da Noite: - "Posso vê-lo Dr.? Estou desesperado! "

2) PRIMEIRO ENCONTRO DO CLIENTE COM O ADVOGADO. DIZ ELE: "– Perderei tudo o que tenho..."

3) ASSIM QUE O ADVOGADO, JÁ CONTRATADO, PROPÕE A AÇÃO JUDICIAL EM FAVOR DESTE CLIENTE, ESTE DIZ: "Meu destino está em suas mãos, Dr.! "

4) DURANTE A 1ª AUDIÊNCIA, DIZ O CLIENTE: "Como dá trabalho um Processo, Dr? .... Vida de Advogado é dura! "

5) PUBLICADA A SENTENÇA, DIZ O CLIENTE: "Grande atuação, Dr. A vitória é toda sua..."

6) A PARTE CONTRÁRIA RECORRE. O ADVOGADO APRESENTA CONTRA-RAZÕES, FAZ SUSTENTAÇÃO ORAL NO TRIBUNAL. ENTÃO LHE DIZ O CLIENTE: "...Brilhante Sustentação Dr! Parabéns!"

7) NA SAÍDA DO TRIBUNAL, DIZ O CLIENTE: "O Sr. me salvou Dr.! Devo-lhe tudo...". (MOMENTO PSICOLÓGICO PARA O ADVOGADO APRESENTAR A CONTA...COBRAR OS HONORÁRIOS DO CLIENTE).

8) NO DIA SEGUINTE, SEM FALAR EM DINHEIRO, DIZ O CLIENTE: "Fui um bom cliente, Dr! Forneci todas as provas!"

9) UMA SEMANA DEPOIS LIGA O CLIENTE: "...Vitória fácil, Dr.! Eles não tinham a menor chance! "

10) 10) UM MÊS DEPOIS LIGA O ADVOGADO, DANDO UM TOQUE NO CLIENTE, PARA LEMBRÁ-LO QUE TEM DE PAGAR OS HONORÁRIOS. DIZ O CLIENTE: ." Foi moleza Dr.! Eu mesmo teria resolvido! "

11) O ADVOGADO APRESENTA A CONTA DOS HONORÁRIOS PARA O CLIENTE. ENTÃO ELE CHIA: "... Que exagero! Esse cara quer enriquecer às minhas custas!" MAS NÃO PAGA OS HONORÁRIOS.

12) PROPOSTA A AÇÂO DE COBRANÇA DOS HONORÁRIOS CONTRA O CLIENTE, ELE ESBRAVEJA: "– Esse Advogado, além de ladrão, é atrevido "

13) SAI A SENTENÇA DANDO COMO PROCEDENTE A COBRANÇA DOS HONORÁRIOS. DIZ O CLIENTE: "Ah! Esse Advogado deve estar combinado com o Juiz! "

14) CITAÇÃO DO CLIENTE, NO PROCESSO DE EXECUÇÃO DESTA SENTENÇA DE COBRANÇA DOS HONORÁRIOS. DIZ O CLIENTE: "É A Máfia de Toga!" .

15) PRONTO! VOCÊ, ADVOGADO, GANHOU UM NOVO INIMIGO!

Texto Original do Advogado Humberto Gomes de Barros. Compilação atualização do texto: A.L.G. FONTE: OAB/D.F.

V- UMA SENTENÇA PARA OS LADRÕES DE MELANCIAS.

O MM. Juiz de Direito RAFAEL GONÇALVES DE PAULA, da 3ª Vara Criminal da Comarca de Palmas, no Estado do Tocantins, Brasil, proferiu uma Sentença pouco comum nos meios jurídicos, e que por ser inédito o teor da mesma, a Escola Nacional de Magistratura, em 30/06/2006 a incluiu em seu "BANCO DE SENTENÇAS". A Entidade considerou de bom senso a decisão de seu associado, mandando soltar os Réus Saul Rodrigues Rocha e Hagamenon Rodrigues Rocha, detidos sob a acusação de furtarem DUAS MELANCIAS.

Por ser uma Sentença com termos inovadores e que nos leva a refletir sob a atual situação da sociedade brasileira, e até mundial, transcrevemos abaixo o texto integral da Sentença proferida pelo Ilustre Magistrado da 3ª Vara, daquela Cidade de Palmas, Estado do Tocantins, Brasil, no Processo (AUTOS) nº 124/03:

DECISÃO

"Trata-se de Auto de Prisão em Flagrante de Saul Rodrigues Rocha e Hagamenon Rodrigues Rocha, que foram detidos em virtude do suposto furto de DUAS MELANCIAS. Instado a se manifestar, o Sr. Promotor de Justiça opinou pela manutenção dos indiciados na prisão. Para conceder a liberdade aos indiciados eu poderia invocar inúmeros fundamentos: os ensinamentos de Jesus Cristo; Buda; Ghandi; o Direito Natural ;o Princípio da Insignificância ou Bagatela; o Princípio da Intervenção Mínima; os Princípios do chamado Direito Alternativo; o Furto Famélico; a injustiça da prisão de um lavrador e de um auxiliar de serviços gerais, em contraposição à liberdade dos engravatados, e dos políticos do Mensalão deste Governo, que sonegam milhões dos cofres Públicos; o risco de se colocar os Indiciados na Universidade do Crime (o Sistema Penitenciário Nacional)...

Poderia sustentar que duas melancias não enriquecem ninguém.

PODERIA APROVEITAR PARA FAZER UM DISCURSO CONTRA A SITUAÇÂO ECONÔMICA BRASILEIRA, QUE MANTÉM 95% DA POPULAÇÃO SOBREVIVENDO COM O MÍNIMO NECESSÁRIO, APESAR DAS PROMESSAS DESTE OU DAQUELE(A) PRESIDENTE, QUE MUITO FALA, NADA SABE E POUCO FAZ.

Poderia brandir minha ira contra os neoliberais; o consenso de Washington; a Cartilha Demagógica da Esquerda; a Utopia do Socialismo, a Colonização Europeia...

Poderia dizer que os Governantes das Grandes Potências Mundiais, como George Bush, jogam bilhões de dólares em bombas nas cabeças dos Iraquianos, enquanto bilhões de seres humanos passam fome pela Terra.

-E aí, cadê a Justiça neste Mundo?

Poderia mesmo admitir minha mediocridade, por não saber argumentar diante de tamanha obviedade.

Tantas são as possibilidades, que ousarei agir, em total desprezo às normas técnicas.

Não vou apontar nenhum desses fundamentos como razão de decidir.

Simplesmente mandarei soltar os Indiciados.

Quem quiser, que escolha o motivo.

EXPEÇAM-SE OS ALVARÁS.

Intimem-se.

Palma/TO -2003.

RAFAEL GONÇALVES DE PAULA-Juiz de Direito

P.S. Esta Sentença, é uma Aula, ou mais que isso, é uma Lição de vida. Um ensinamento para todos os momentos.

O MM. Juiz, com suas palavras sábias, desabafou por todos nós! ...

VI-A CRIMINALIDADE E A IMPUNIDADE NO BRASIL

Como seres humanos que somos, partes integrantes da sociedade, não podemos ficar alheios às notícias que vemos e ouvimos todos os dias, sobre os diversos crimes que acontecem em todo o Brasil, todos os dias. São crimes de furtos, roubos, assaltos, assassinatos, estupros, crimes passionais, sequestros, mortes encomendadas, mortes por causa de dívidas com drogas, e todos os tipos de atrocidades, envolvendo pessoas de todas as faixas etárias, sem discriminação de sexo, cor, ou condição social.

Todos os dias ouvimos notícias de crimes bárbaros que acontecem neste País, de norte a sul, que nos deixam estarrecidos e preocupados, pois achamos que casos idênticos podem acontecer a qualquer hora, com um membro de nossa família. Crimes como o que aconteceu em julho de 2012, no qual duas moças adolescentes, no interior do Estado de Minas Gerais, mataram uma "amiga" também jovem, de uns treze anos de idade, e utilizando facas, arrancaram-lhe o coração, enquanto ela ainda estava viva! ...

Parece coisa de filme de terror, dos mais macabros. Mas não, trata-se de um fato, acontecido neste nosso Século XXI, e noticiado pela TV em horário nobre. E este crime aconteceu, segundo as menores assassinas, porque elas tinham receio de que a vítima as denunciasse, depois de uma briga, "porque estas assassinas usavam drogas ". Foi o que disseram às câmeras de TV, sem, contudo, mostrarem seus rostos... Lógico, pois nossas Leis protegem a identidade de menores assassinas. E nem podemos aqui dá o nome delas. Nem aqui nem nos jornais falados, escritos ou televisados...

Podemos também citar outros crimes macabros, como o que aconteceu também no ano de 2012, com o Empresário de São Paulo, MATSUNAGA, um dos diretores da Empresa de Alimentos YOKI, que tem fábrica em São Paulo e Paraná e é uma das maiores do Brasil. Ele foi morto pela sua esposa, uma "enfermeira" de nome Elise, que por ciúme o matou com um tiro, dentro do apartamento chique onde moravam, e logo em seguida cortou o corpo do empresário em partes, pôs em sacos de lixo e jogou em uma estrada da periferia de São Paulo. Mas fez isto tudo com premeditação, planejamento etc. Há uma nova versão de que ela teve ajuda de uma outra pessoa...que até a publicação deste livro não tinha sido encontrada.

E um outro caso escabroso, ocorreu no Estado de Pernambuco, também em 2012, em que uma senhora já de idade, o seu marido e uma outra mulher, que, acho, formavam um casal de três, todos feios, pobres, sujos e malvados, matavam suas vítimas, comiam parte da carne deles (deviam cozinhar antes) e com alguns pedaços faziam "coxinhas" para vender na rua. Eles ficaram conhecidos como os "**CANIBAIS DE PERNAMBUCO**"!

Estes três, são apenas alguns dos casos, que citamos para demonstrar, ou dar exemplos, de como aumentou a criminalidade, e os crimes brutais em todos os Estados brasileiros. Do Oiapoque ao Chuí, ocorrem muitos crimes todos os dias...

Porém nestes nos anos de 2013 e 2014, aumentaram muito todos os outros tipos de crimes, tais como arrastões; roubos a casas e apartamentos; roubos a joalherias; roubos a supermercados; roubos de carros, estes com muitas mortes dos condutores de veículo; roubos a restaurantes; e assaltos até nas feiras. Roubam até cachorros, principalmente estes pequeninos, que são criados como bibelôs... A maioria dos ladrões, bandidos e assassinos são ligados ao tráfico de drogas: traficantes ou usuários. Muitos são menores de 18 anos de idade. Alguns roubam apenas para com o dinheiro da venda do produto, ou coisa roubada, comprarem drogas.

Um outro tipo de crime que aumentou muito nos últimos três anos no Brasil, foi o da concorrência entre os traficantes. Estes se matam por pontos de venda de drogas. E matam os usuários, seus fregueses, se estes deixam de pagar a droga comprada. São mortos três a quatro pessoas nesta guerra nojenta e asquerosa, todos os dias, seja em qual for a Capital. Goiânia está entre as mais violentas do mundo. Mas São Paulo e Rio de Janeiro ainda são campeãs em violência, inclusive porque lá há mais gente, mais bandidos e mais drogas...

Também nos últimos anos aumentaram os crimes praticados por "torcedores bandidos", de Torcidas Organizadas de times de futebol. Seja em Goiânia, São Paulo, Paraná ou Rio de Janeiros, muitos destes crimes estão relacionados aos usuários de drogas, torcedores fanáticos que se "travestem" de bandidos e causam terror em meio às torcidas. Muita gente já morreu nesta barbárie. E muitos deixam de ir aos estádios por causa deles.

Agora por último, de 2012 para cá, surgiram os grupos de "Vândalos", alguns denominados de Black Blocks, que a pretexto de estarem reivindicando alguma coisa, ou infiltrados entre manifestantes pacíficos, saem por aí destruindo o patrimônio público e privado, agredindo pessoas, soltando bombas nas ruas, inclusive enfrentando a Polícia, que não pode matá-los nem prendê-los, por enquanto. Já causaram mortes e agora dizem que muitos destes bandidos mascarados com roupa preta, sacolas e coquetéis "Molotov" na mão, estão a serviço de alguns políticos que querem desestabilizar os Governos Estaduais e talvez até o Governo Federal, para que seus financiadores se aproveitem da situação e ganhem votos, nas eleições de 2014. É o que dizem os jornalistas... Segundo estes, surgiu até uma "**poderosa CHEFINHA**" deles, (dos vândalos), denominada de **"Sininho"** (cujo nome verdadeiro é Elisa Quadros) que alguns usuários da mídia eletrônica denominaram de **A FADINHA DO MAL**. Faltou só o Capitão Gancho!

Porém, outros entendidos no assunto dizem que tem gente do Governo querendo a bagunça (?)

Há uns dez anos atrás, o Governo Federal, e muitos dos Políticos" Inteligentes" da Câmara Federal, aprovaram leis mais frouxas para os usuários de drogas. Agora os viciados não ficam presos. O problema maior que surgiu a partir daí, foi que cada usuário se tornou um pequeno Traficante. E são estes que se espalharam por todos os cantos do País. Eles, os usuários liberados pela Lei, viram nesta prática a possibilidade de se tornarem traficantes, e deu no deu: O País não mais dá conta de controlar o tráfico de drogas. Está assim em todos os Estados brasileiros...Infelizmente.

Alguns políticos ainda mais "inteligentes" (leia-se burros ou mal-intencionados), além de tudo o que já acontece por aqui, em termos de drogas e criminalidade, ainda defendem a "liberalização" ou "descriminalização" do uso de Drogas. Ou seja, querem ver o "circo pegar fogo". Desde que tal fogo não atinja a bunda deles...

A criminalidade já está demais, não precisa da ajuda deles para aumentar ainda mais esta bagunça que se tornou o

Brasil. Se liberarem o uso das drogas, mesmo que seja apenas a maconha, como querem alguns Deputados, a criminalidade aumentará por certo, pois o usuário sem dinheiro para comprar nos "pontos de vendas legalizados", vai continuar roubando e matando para conseguir manter seu vício, para conseguir adquirir a droga...

Acrescente-se a tudo isto a Impunidade que "vigora" no Brasil, por causa das nossas leis frágeis e ultrapassadas, como o Código Penal de 1940 ainda vigente, e Leis como a de Nº 12.403 de 2011, que libera bandidos que cometem crimes, punidos com penas de até 04 anos de reclusão, detenção etc. Já virou rotina no Brasil a Polícia Militar prender bandidos, e os Delegados terem de soltá-los... E por ordem do Juiz. E eles, os Promotores e Juízes, dizem que o "crime praticado foi de pequena monta". Ou de "pequeno potencial ofensivo". A Polícia diz que prender o bandido hoje e vê-lo solto amanhã é como "enxugar gelo"

E as delegacias viraram apenas um ponto de "passagem" dos bandidos. Os bandidos não mais ficam presos muito tempo. Mesmo na hora do Processo Criminal, os Juízes não podem aplicar penas mais severas, por causa das leis existentes. Ficam de "mãos atadas", pois têm de seguir as leis. E quem "faz as Leis", como sabemos, são os Políticos.

Toda a estrutura judicial brasileira defende a ideia de que o preso não se recupera na cadeia e por isto liberam-nos por qualquer motivo. Tem um tal de regime semiaberto e um aberto, que é uma forma de manterem os presos mais tempo fora do que dentro das cadeias. Ai eles roubam, assaltam e matam de dia, depois vão dormir nas cadeias, onde podem comer, tomar banho e ainda, de vez em quando receberem mulheres ou namoradas (visitas íntimas) para colocarem os seus desejos carnais em dia. Isto só acontece no Brasil.

Os governantes preferem gastar dinheiro com publicidade, para dizer o que fazem em seus governos passageiros, do que construir presídios mais seguro. Não investem em uma política de ocupação e formação profissional do preso, para que eles possam ser reintegrados a sociedade, após cumprirem suas penas. O Sistema Prisional Brasileiro agora já é conhecido como "Universidade do Crime!". O bandido entra lá com "ensino fundamental" e "médio", em termos de conhecimentos de crimes, e sai "pós-graduado", após certo tempo. Então, em resumo, nós, os contribuintes de impostos caros, (QUE JÁ SOMOS CONHECIDOS PELOS POLÍTICOS COMO **Eleitores-Otários**), pagamos para sustentar essa corja, e ainda damos "oportunidade" para eles voltarem à sociedade mais perigosos ainda. Tudo isto com a "ajuda" dos "sábios" Juízes e Promotores, que, me parece, não gostam de ver presos na cadeia. E nem se importam em soltá-los, por qualquer motivo...Afinal, eles moram em condomínios fechados e têm carros blindados. Dificilmente os bandidos os "atingem".

Aliás, antes que me esqueça, os integrantes do S.T.F.- Supremo Tribunal Federal, uns dois anos atrás, ou melhor dizendo, em 2011/ 2012, decidiram que as pessoas podem se manifestar a favor da maconha: uso e liberalização dela. Só que, por outro lado, determinam que a maconha é droga (ainda) e os Governos, tanto Federal e Estaduais, gastam fortunas para prender os traficantes. Não é uma incoerência? Isto prova de que a alta Corte Judiciária deste País (STF) não é tão inteligente assim....E ultimamente anda agindo de forma política.

Finalizando: Com o aumento da Criminalidade e a Impunidade, nos últimos anos, também os Policiais estão sendo vítimas dos bandidos. Muitos são mortos por estes marginais. E muitos destes bandidos, que já foram presos pelos Policiais mortos. É uma guerra desigual, que não tem fim. Estes marginais perderam, também, o medo da Polícia. Vez ou outra estão atirando nos quartéis, nos postos policiais, etc. Isto sem falar nos roubos a bancos em cidades pequenas, onde eles "prendem" os poucos policiais nos próprios quarteis ou postos, para depois fazerem o terror na cidade e levar o dinheiro que querem. Este é o "Retrato" do Brasil do século XXI, pelo menos até a data em que eu finalizava este livro, (julho de 2014).

Vivemos, portanto, sob a égide do "Terror dos Bandidos" ameaçando nossa sociedade. Tudo porque já ficou provado por + A e por + B, que a fragilidade de nossas leis e a impunidade, causam o aumento da criminalidade. Só não vê isto quem não quer.

Hoje, nas cidades, e nestas eu destaco Goiânia, pois resido aqui, os bandidos, sejam eles maiores ou menores de idade, sabedores que não ficam presos por muito tempo (menores nem ficam presos), estão "tocando o terror" nas ruas, nas escolas, nos terminais de ônibus, nos estádios de futebol, dentro dos próprios ônibus, nas estradas e nos comércios em geral, roubando de tudo. E enquanto isto nós, as pessoas de bem, que trabalhamos, pagamos impostos e temos família, ficamos trancados nos prédios, nos apartamentos, nos condomínios com cercas elétricas, etc. para se ver livre da ameaça deles. Nós ficamos presos e eles ficam soltos.

Estamos todos como medo de viver. Precisamos dar um grito, lutar com as armas que temos, para que esta situação mude. Precisamos de Políticos mais comprometidos com a sociedade. De leis mais fortes e de uma Política Nacional de Segurança, já. Nem que voltemos a um regime mais duro, com forças armadas nas ruas. "Vamos pôr Urutu na rua!", como dizia dona Armênia, aquela personagem da novela global... É preciso que se faça alguma coisa. Que se mude o Governo; que se mudem as Lei. Precisamos recuperar a nossa "liberdade de ir e vir" prevista pela Constituição Federal de 1988. A nossa vida e nossa liberdade estão ameaçadas. O futuro de nossas crianças, dos nossos jovens e por consequência, o futuro do Brasil, estão ameaçados!

-DO JEITO QUE ESTÁ NÃO PODE MAIS FICAR!

-COM A PALAVRA A PRESIDENTE, OU O PRESIDENTE DA REPÚBLICA, O MINISTRO DA JUSTIÇA, O CONGRESSO NACIONAL E O S.T.F.

Ora! Saiam do ar condicionado...Tirem suas bundas das cadeiras e ajam, senhores e senhoras Políticos e Administradores dos Governos Estaduais e Federal!

"UMA CRENÇA EM UMA FONTE SOBRENATURAL DO MAL, NÃO É NECESSÁRIA. OS HOMENS, POR SI MESMOS, SÃO CAPAZES DE TODAS AS MALDADES!" (Joseph Conrad- Escritor- 1911)

VII- O CASO VALÉRIO LUIZ: UM CRIME CONTRA A LIBERDADE DE EXPRESSÃO!

Para quem não sabe ou mora fora de Goiânia, Capital do Estado de Goiás, eu resumo aqui a história real do assassinato de um jornalista esportivo, bem conhecido no Rádio e TV de Goiás, de nome **VALÉRIO LUIZ DE OLIVEIRA**. Ele era filho do também jornalista esportivo Manoel de Oliveira, que milita no rádio e na TV de Goiás desde finais dos anos 60', do século passado. O Manoel de Oliveira é conhecido também como empresário e tem um Clube, que fica na saída de Goiânia para Rio Verde, (BR-060) o conhecido "CLUBE DO MANÉ ". Recentemente, em 05 de outubro de 2014, o Mané de Oliveira foi Eleito Deputado Estadual por Goiás.

O Valério, muito polêmico em suas ideias e comentários que fazia no Rádio e na TV, nem sempre falava aquilo que os jogadores ou cartolas do futebol queriam...E talvez, por isso, causava mal-estar entre eles. E infelizmente, ele foi assassinado no dia 05 de julho de 2012, bem próximo do prédio onde se localizava a Emissora de Rádio (Rádio Jornal 820 AM, que atualmente está vinculada à Rede Bandeirantes de Rádio, de São Paulo), onde ele sempre trabalhava, como comentarista esportivo, num programa esportivo que terminava às 14:00hs. E este trágico crime aconteceu poucos minutos depois de sua saída do prédio da emissora, naquele dia de sol...

Segundo se soube e se apurou no Inquérito Policial, que tramitou pela Delegacia de Homicídios de Goiânia GO, a morte do Radialista e Jornalista Esportivo Valério Luiz de Oliveira, teria sido "encomendada" pelo chamado "Mandante" de nome Maurício Borges Sampaio, que é um rico empresário de Goiânia, e que, entre outras coisas ,na época era o titular de um Cartório de Títulos e Documentos de Goiânia, o que ainda se situa na Rua 03(Rua Professor Alfredo de Castro),ali perto do Jóquei Clube, no Setor Central ,em Goiânia, GO. E que também adquiriu uma Rádio (A 730) em 2013.

    Ele, o dito "Mandante", naturalmente nega a acusação contra ele. Ou em outras palavras, se diz inocente. Porém os outros envolvidos no crime e a Polícia informaram à imprensa que o Mandante pagou quantias para que eles, os executores do crime, realizassem o fatídico ato. A "motivação" para o crime seriam exatamente as críticas que o falecido Valério Luiz fazia sempre ao Sr. Maurício Sampaio, no rádio e no Programa Esportivo da PUC TV, onde ele também trabalhava. Tais críticas eram feitas a um outro dirigente do Clube, um Tenente-Coronel da PM de Goiás, e ao possível Mandante, enquanto este era Vice-Presidente do Atlético Clube Goianiense...Isto porque quando o crime aconteceu o Sr. Mauricio Sampaio já tinha se desligado da diretoria deste time de futebol da Capital goiana.

    Conforme o Inquérito Policial, que foi amplamente informado pela imprensa falada, escrita e televisada de Goiás, os envolvidos na morte do Valério Luiz foram: o já citado Maurício Sampaio (mandante); um sócio ou funcionário dele, de nome "Urbano"; um açougueiro, de nome "Marquinhos", (que até a época da confecção deste livro estava foragido); um Sargento da Polícia Militar de Goiás, de nome "Da Silva"; e um Cabo, também da Polícia Militar de Goiás, de nome "Figueiredo". Todos foram indiciados e presos. Depois foram soltos, por causa de "Habeas Corpus" impetrados por seus advogados. Mas ocorreram alguns contratempos e decisões "parciais" por parte de alguns Juízes e

Desembargadores, neste meio tempo. E por estas e outras, na data em que este texto estava sendo escrito, em julho de 2014, todos estavam soltos. E segundo a Justiça, "aguardando o Julgamento em liberdade", como acontece em alguns casos aqui no Brasil.

Este fato, ou seja, o assassinato de um Jornalista/Radialista Esportivo, movimentou a maioria dos jornalistas e radialistas de Goiás, pois o crime não foi apenas contra uma pessoa, mas principalmente **contra a "Liberdade de Expressão"**! E esta Liberdade de Expressão está prevista no **art. 5º Inc. IV** da Constituição Brasileira, que diz claramente: **"É LIVRE A MANIFESTAÇÃO DE PENSAMENTO, SENDO VEDADO O ANONIMATO "**. Portanto, qualquer pessoa, e especialmente quem tem o dom da palavra e da escrita, pode falar o que quiser, escrever, se manifestar, desde que não se esconda. Quem se sentir ofendido, que acione a Justiça, exigindo indenização por danos morais, retratação, espaço no veículo de comunicação para se defender etc. se se sentir ofendido (a). Mas, esta mesma Justiça não dá o direito de matar, calar a voz de quem falou ou disse alguma coisa...

Ressalte-se que, antes de ser enviado o Inquérito Policial ao Poder Judiciário e quando alguns dos envolvidos estavam presos, no caso por Prisão Temporária pedida pelo Delegado e concedida pelo MM. Juiz, em 2013, alguns advogados ditos famosos, que militam aqui em Goiás, entraram com pedidos de "Habeas Corpus" em favor de seus clientes. Principalmente do réu Maurício Sampaio, que tinha advogado ligado a Desembargadores, e até um Desembargadores aposentado, que já fora até Presidente do Tribunal de Justiça de Goiás, advogando para ele. A bem da verdade, o Mauricio Sampaio foi preso duas vezes e solto outras duas vezes, pois houve certa "parcialidade" de alguns dos membros da Câmara

Criminal, (onde se reúnem em número de 5), e na qual se julgava um Habeas Corpus impetrado em favor dele. Quando dava empate na votação de 4 desembargadores (2 X 2), aparecia um da mesma Câmara Criminal, mais "amigo" e liberava o "homem". E em certos casos, deste mesmo julgamento, um deles se absteve de votar, para que desse empate, aí, neste caso também, solta-se o réu. Foi o que aconteceu. Afinal de contas, nome e dinheiro contam nestas horas. E amizades também. Aqui a Justiça realmente se enquadra naquele antigo enunciado jurídico: **"Tratar com igualdade os iguais e com desigualdade os desiguais"**. Mas o entendimento correto não seria este, sob o ponto de vista ético e da filosofia do direito, principalmente no presente caso.

Esta atitude, de certos desembargadores, causou estranheza no mundo jurídico em Goiás, pois pareceu coisa combinada. E tais fatos foram amplamente discutidos na imprensa e denunciados pelo filho do Valério Luiz (Valério Filho, advogado) e pelo pai do falecido Valério, o Cronista Manoel de Oliveira, que chegou a sair gritando no fórum de Goiânia, num desespero normal de pai, numa situação destas...

Também a viúva do Valério, que não é a mãe do Valério Filho, (ele era casado pela 2ª vez) denunciou e criticou advogados manipuladores e maquiavélicos, como o Sr. Ney Moura Teles, uma "ave de rapina" nos meios criminais de Goiás. E diante de tantas manobras, chegou uma ocasião em que um Juiz da Vara Criminal mandou prender todos os 5 envolvidos, mas o Tribunal "derrubou" esta decisão e mandou soltá-los todos. O que causou revolta e desespero entre os familiares do falecido Valério. Até março de 2020 todos estavam soltos, devidamente denunciados no Processo, no fórum de Goiânia e segundo a Justiça, estão aguardando julgamento em liberdade. E a família ainda "lutando" para que eles sejam Julgados pelo Tribunal do Júri.

A meu ver, os Desembargadores, ao invés de manterem a sentença do Juiz singular, para que os envolvidos permanecessem presos, entenderam diferente e mandaram soltá-los. Cria-se assim, um clima ruim entre os próprios membros da Justiça, onde uns aplicam a JUSTIÇA verdadeira e outros praticam a Justiça menor, com interesses outros por detrás de suas decisões. É o que penso.

O tal Mandante ,que era dono do Cartório, o Sr. Maurício Sampaio, que já nasceu bem de vida, administrava o Cartório de Títulos e Documentos, (está afastado da direção do mesmo por ordem judicial por outro motivo, pois agora há concurso para Tabeliães), continua por aí ,livre ,leve e solto e há quem diga que já perdeu muito dinheiro em negócios outros, mas sempre pode ter ao seu lado, para lhe defender, advogados "fanfarrões", ou " de grife" ,do tipo do Sr. Ney Moura Teles, que chegou a dizer na TV que "o Inquérito era um lixo"

O pior de tudo, foi saber que o tal Maurício Sampaio, nem sei por que, comprou uma emissora de rádio (a Rádio 730 AM) logo após este crime. É, no mínimo estranho isto.

Finalizando, devemos aqui salientar o trabalho correto da Delegada titular da Delegacia de Homicídios, a Dra. Adriana Ribeiro, que sempre se pautou dar informações de tudo o que ocorria no Inquérito Policial. E aguentou, entre outras coisas, falatórios e xingamentos "velados" de alguns destes advogados de porta de cadeia, que considero uns "rábulas", embora com diploma de Bacharel em Direito, Carteirinha da OAB etc.

E ainda que seja muito subserviente ao Governador, destaca-se a atuação do Secretário de Segurança Pública, Dr. Joaquim Mesquita, um Delegado Federal a serviço de Goiás, que não sucumbiu às pressões destes "doutores" falastrões. E ainda destaco incansável luta do Manoel de Oliveira, pai do Valério, que até hoje faz campanha no rádio, na TV e até com carros de Som, pedindo um julgamento de verdade para todos os envolvidos na morte de seu filho Valério Luiz. Ele que, segundo se provou até agora, foi vítima de tiros, dados por uma pessoa, contratada e paga com dinheiro do Sr. Maurício, este empresário arrogante que quis calar o Valério apenas por criticá-lo por causa de sua conduta como "cartola de Futebol"

Por enquanto todos estão na expectativa de que haja julgamento dos envolvidos ainda este ano, e que este seja "feito" pelo Tribunal do júri, já que se trata de homicídio doloso (Crime contra a vida, com intenção de matar) em que os envolvidos todos concorreram para consecução do mesmo. Os familiares, os Cronistas, Jornalistas e Radialistas Esportivos e toda a população de Goiás que se preocupa com seus membros, espera que **a JUSTIÇA de verdade**, dos homens de bem, vença a Justiça pequena, feita por homens engravatados que se vendem por pouca coisa.

Eu, que estudei direito e só fico feliz quando vejo prevalecer a JUSTIÇA verdadeira! E espero que todos os envolvidos neste crime brutal, sejam condenados pelo crime de morte que cometeram contra a vida do Valério Luiz.

E mesmo sabendo que há um rico entre os envolvidos, o dito Mandante, assim descrito no Inquérito Policial, acredito ainda que vai prevalecer o princípio de Direito que diz:

"A JUSTIÇA É PARA TODOS"

Ou, um artigo da nossa própria Constituição Federal que expressa:

"TODOS SÃO IGUAIS PERANTE A LEI"

-E digo eu:

-Até o Sr. **Paulo Maluf**, claro!

VIII-**TRAGÉDIA NA POLÍCIA CIVIL GOIANA.**

Todos nós que residimos em Goiás, ficamos sabendo do fato trágico ocorrido em 08 de maio de 2012, quando um Helicóptero pertencente à Policia Civil de Goiás ,no qual viajavam 2 peritos, dois pilotos e 3 Delegados de Polícia caiu perto da cidade de Piranhas, no Estado de Goiás, e no qual também estava o preso de nome **Aparecido de Souza Alves,** de 22 anos de idade, já denunciado como criminoso num crime bárbaro ocorrido perto dali, onde ele havia matado 7 pessoas numa fazenda no Município de Doverlândia, distante uns 330 quilômetros de Goiânia, GO.

Todos os ocupantes do citado Helicóptero, em número de 07 pessoas vinculadas à Polícia Civil de Goiás, e este criminoso de nome Aparecido, morreram neste desastre. Assim, foi uma tragédia logo depois de outra, pois os policiais e o criminoso foram até a região neste Helicóptero para fazer a "reconstituição" do crime monstruoso em que o preso havia matado as 7 pessoas na fazenda, alguns dias antes. Os policiais, que realizavam este serviço de grande importância para a elucidação dos fatos, foram todas vítimas desta situação, num acidente trágico que causou comoção em toda a Polícia Civil de Goiás e que teve repercussão em todo o Brasil. Afinal 7 pessoas haviam sido mortas pelo criminoso de nome Aparecido, e na reconstituição deste crime ocorrido, morreram o bandido e os 7 policiais, num total de 15 pessoas, somadas as tragédias.

No acidente do Helicóptero morreram portanto, o preso de nome Aparecido, que naquela ocasião estava sob a custódia da Polícia; os Delegados da Polícia Civil de Goiânia **Dr.Antônio Gonçalves Pereira dos Santos,** (que eu sempre via dar entrevista na Televisão); **e Jorge Moreira** (que eu conhecia pessoalmente, pois começamos um Curso juntos na Academia de Polícia, nos anos 90' e eu estive na Delegacia onde ele trabalhava, por causa de um problema de um parente). E faleceu o **Delegado Vinícius Batista**, da cidade de Iporá, GO, responsável pelo Inquérito, e que tinha apenas 32 anos de idade. E faleceram ainda os peritos **Fabiano Paula Silva** e **Marcel de Paula Oliveira**, que eram primos e trabalhavam na região. E o piloto do Helicóptero de nome **Osvalmir Carrasco Melati Júnior**, e o co-piloto de nome **Bruno Rosa Carneiro**. Estes Policiais Civis de Goiânia, GO.

Até hoje ficou conhecido como um acidente, este do Helicóptero da Polícia Civil de Goiás, mas que deixou muitas dúvidas, por causa de estarem carregando um preso perigoso, como era o Aparecido. Na época falou-se em falha humana, falha técnica, e até uma ação agressiva do bandido, dentro do helicóptero. Falou-se também em falta de combustível no helicóptero... Mas nada ficou provado em definitivo. Chegou-se a aventar que houve falha por parte da empresa que fazia manutenção no Helicóptero, ou que o Piloto teria retirado o aparelho de lá antes de ter se completado este trabalho de manutenção. Foram acusações de vários lados, mas que até hoje não se chegou à uma conclusão. E também até a feitura deste livro o fato é motivo de investigação por Parte da Polícia Civil, pois envolve pessoas ligadas à ela, e direitos às indenizações e seguros por parte dos parentes, (mulheres, filhas e filhos, etc.). Até a mãe do criminoso Aparecido entrou na Justiça, objetivando receber alguma coisa, pois ele estava sob a custódia da Polícia. Entenda-se que, neste caso a Ação é contra o Estado de Goiás, como Pessoa Jurídica de Direito Público.

O certo é que a própria investigação do crime acontecido na fazenda, no qual o preso Aparecido confessou, antes de morrer, ter matado as sete pessoas, ficou prejudicada, pois com o principal acusado morto, e até por causa da perda de partes do Inquérito, que se queimou na queda do helicóptero, ficou muito difícil de se apontar outros culpados. E pior, com o acusado morto, como incriminar ele pelos sete homicídios da fazenda... O que pode acontecer é que não haverá julgamento neste caso, pois pela morte do agente, extingue-se a punibilidade, e ocorrerá, por certo, o arquivamento do processo.

Resta agora as ações judiciais das famílias dos Policiais, para tentar receber seguros e indenizações, contra o Estado, já que os falecidos estavam a trabalho e a serviço da Polícia Civil. Provavelmente o seguro total da aeronave, pagará um valor tabelado, se já não pagou, às famílias das vítimas. E até para a mãe do Aparecido (ele era solteiro e sem filhos), pois neste caso, embora ele fosse um bandido, morreu por causa do acidente do helicóptero...

Ou seja: direito é direito e os bandidos também são seres humanos! (Embora alguns deles nem pareçam...)

O que agora sabemos é que já se passou anos desde o fatídico acidente em que morreram todos estes Policiais, e esta tragédia já está caindo no esquecimento. Isto porque vivemos num mundo assim: superada a dor inicial e todos os procedimentos pós-acidente, o que vemos é que esta notícia já foi sendo substituída por outras, que embora de menor impacto, surgem com outros interesses da população.

E agora resta a todos, principalmente para os Policiais da ativa da Polícia Civil de Goiás, que uma "lição" tão cara e trágica como esta, sirva de alento e motivo de maior precaução, em caso de uma situação idêntica.

X- SENTENÇA PROFERIDA NA ÉPOCA DO IMPÉRIO.

Como é do conhecimento da maioria dos estudantes de Direito, nossa legislação civil e criminal teve suas origens no Direito Romano e no Direito dos Bárbaros, (Anglo Saxões). Para as nossas questões privadas ditas civis e comerciais, tivemos a influência do Direito Romano, que chegou até nós, via Portugal, com as Ordenações do Reino (Manuelinas ,Filipinas e Afonsinas), e para o Direito Penal, fomos influenciados, também via Portugal, (que nos dominou até 1822),que utilizava aqui as punições previstas no Código Criminal Francês, de 1830, até que eles, os Portugueses e nós, brasileiros, tivemos nossas próprias leis, tais como o Código Civil (o primeiro de 1916 e o agora vigente, de 2002) e o Código Penal, de 1940 (ainda em vigor). Fala-se em editar um novo Código Penal, mas, até este ano de 2014 isto ainda é tese, e não se findou sua aprovação.

E foi sob a égide destas leis, que vigoravam entre nós, que um **Juiz Municipal**, (na época tinha este cargo), prolatou uma **Sentença "Sui Generis"** para nós hoje. Porém, era muito comum na época, **decidindo um caso de estupro** ocorrido numa cidade do Estado de Sergipe, no ano de 1833. Naquela época, seguindo os ditames e as imposições fortes que herdamos da Religião Católica e do citado Código Criminal Francês, **era comum o rigor da punição, para quem cometesse este tipo de crime**.

Vejamos, pois, o teor desta Sentença, com todas as suas peculiaridades:

SÚMULA: "COMETE PECADO MORTAL O INDIVÍDUO QUE CONFESSA EM PÚBLICO SUAS PATIFARIAS E SEUS DEBOXES, E FAZ COÇAS DE SUAS VÍTIMAS, DESEJANDO A MULHER DO PRÓXIMO PARA COM ELA FAZER SUAS CHUMBREGÂNCIAS"

A SENTENÇA:

VISTOS etc.

O Adjunto do Promotor Público Representou contra o "Cabra" MANOEL DUDA, porque no dia 11 do mês de Nossa Senhora de Sant'anna, quando a mulher de XICO BENTO ia para a fonte, e já perto dela, o supracitado "Cabra" que estava de tocaia em uma moita de mato, saiu dela de supetão e fez proposta à dita mulher por quem "roía a brocha", para coisa que não se pode trazer a lume. E como ela se recusasse, o dito Cabra abrafolou-se a ela, e deitou-a no chão, deixando as "encomendas" dela de fora e ao "Deus-dará"; e só não conseguiu "matrimônio" com ela, porque ela gritou e veio em "assucare" dela Noleto Correia e Clementes Barbosa, que prenderam "o cujo" em flagrante. E o Adjunto do Promotor pediu a condenação dele como Incurso nas penas de "Tentativa de Matrimônio Forçado" e a "Pulso de Sucesso", porque a dita mulher do Xico Bento estava "peijada" e com o sucedido, deu à luz a um menino macho que nasceu morto.

As testemunhas, duas são "de vista", porque chegaram no flagrante e "bisparam" a perversidade do Cabra

Manoel Duda. E as demais testemunhas são "testemunhas de avaluemos."

Dizem os leigos que duas testemunhas que assistam qualquer "naufrágio de sucesso", faz prova, e o Juiz não precisa de "testemunhas de avaluemos". É O RELATÓRIO.

NO MÉRITO:

CONSIDERO, que o Cabra Manoel Duda agrediu a mulher de Xico Bento, por quem "roía a brocha" para "conxambrar" com ela, coisas que só ao marido dela competia "conxambrar", porque eram casados pelo Regime da Santa Igreja Católica Romana.

CONSIDERO, que o Cabra Manoel Duda, deitou a "paciente" no chão, e quando ia começar as suas "conxambranças", viu todas as "encomendas" dela, coisas que só o marido tinha o direito de ver.

CONSIDERO, que a paciente estava "peijada", e que em consequência do sucedido, deu à luz a um menino macho que nasceu morto.

CONSIDERO, que a morte do menino trouxe prejuízo na herança que poderia ter, quando seu pai e sua mãe falecessem.

CONSIDERO que, o Cabra Manoel Duda é um "Suplicante debochado", que nunca soube respeitar as famílias de suas vizinhas, tanto que também quis fazer "conxambranças" com a Quitéria e a Clarinha, que são moças donzelas, e só não conseguiu porque elas o repugnaram e deram aviso à Polícia.

CONSIDERO que, o Cabra Manoel Duda é um sujeito perigoso, e que se não tiver "uma cauda que atalhe a perigança dele" amanhã meterá medo até nos homens, por via de suas patifarias e deboches.

CONSIDERO que, o Cabra Manoel Duda está em Pecado Mortal, porque nos Mandamentos da Igreja é proibido desejar a mulher do próximo, e ele desejou.

CONSIDERO que, Sua Majestade Imperial e o mundo inteiro precisa ficar livre do Cabra Manoel Duda "per sécula seculorum amém"; arrefém dos deboches e sem-vergonhices por ele praticados.

CONSIDERO que, o Cabra Manoel Duda é um sujeito sem vergonha e que não nega suas "deboxanças" e ainda faz "coças" das "encomendas" de suas vítimas, e por isso, deve ser botado ao Regime deste Julgo.

DECISÃO:

ISTO POSTO,

Condeno o Cabra Manoel Duda, pelo" malifício" que fez à mulher do Xico Bento, e por tentativa de mais outros "malifícios" iguais, A SER CAPADO, capadura esta que deverá ser feita à MACETE!

A Execução desta pena deverá ser feita na Cadeia desta Vila. Nomeio como Carrasco, o Carcereiro. Feita a

"Capação", depois de 30 dias, o mesmo Carcereiro solte o Cabra Manoel Duda para que vá em paz.

Nosso Prior aconselha: "HOMINE DEBOXADO, DEBOXATUS MULHERORUM, INVOCABUS EST SENTEUTIAS QUIBUS CAPARE ESTE MACETE MACETORIUM CARRASCUM SINE FACTO NOTRE NEGARE PETE".

CUMPRA=SE. Apregue-se os Editais nos Lugares Públicos. "Apelo Ex-Ofício" desta Sentença ao Juiz de Direito desta Comarca.

Porto de Folha, 15 de outubro de 1833.

_____

Dr MANOEL FERNANDES DOS SANTOS

Juiz Municipal Suplente- em exercício.

P.S   Esta Sentença foi prolatada da forma e escrita tal qual se encontra acima, com pouquíssimas correções de português que este escriba fez, para facilitar o entendimento dos Estudantes e Advogados de nossa época. Foram mantidos os termos originais, os que estão entre aspas, que abaixo tento traduzir...

Por ter a origem nordestina e alguns anos de "janela" na área jurídica, me atrevo a dar as explicações abaixo, com o "dicionário" das palavras estranhas tiradas do texto.

Ou melhor dizendo, da Sentença, para melhor entendimento de alguns leitores e pessoas de outros Estados, não tão acostumados com tal "linguajar camoniônico" e nordestino do século XIX.

"DICIONÁRIO" DO TEXTO:

1) O CABRA: - O sujeito, o fulano o Indivíduo.
2) "POR QUEM ROÍA A BROCHA":- Por quem tinha desejos carnais.
3) "TRAZER A LUME":- Mostrar, trazer à luz, apresentar aos outros.
4) "ABRAFOLOU-SE" –Agarrou-se.
5) "ENCOMENDAS":- Os órgãos genitais, no caso da mulher.
6) "AO DEUS DARÁ "; A descoberto, à vista.
7) "MATRIMÔNIO":- Coito, conjunção carnal.
8) "EM ASSUCARE":- Em socorro, em ajuda.
9) "O CUJO": O qual, de quem falamos,

10) MATRIMÔNIO PROIBIDO ":- Coito forçado, estupro, conjunção carnal conseguido à força

11) "A PULSO DE SUCESSO": Na marra, à força. Forçado.

12) "PEIJADA" – Grávida, Prenha. (Quando é animal, no Nordeste fala-se "Amojada", também)

13) "TESTEMUNHAS DE VISTA ":- Testemunhas oculares do fato, que chegaram na hora, que viram o réu agindo, tentando ou cometendo um crime. Ou seja, BISPARAM, viram o fato ocorrendo no momento; testemunhas que presenciaram o fato.

14) "TESTEMUNHAS DE AVALUEMOS": Testemunhas que ficaram sabendo do fato por "avaliação", por ouvir dizer.

15) NAUFRÁGIO DE SUCESSO": -Tentativa Frustrada.

16) CONXAMBRAR": -Fazer sexo; se relacionar sexualmente.

17) "PACIENTE": A pessoa naquela situação. Pessoa indefesa. Alguns advogados atualmente denominam de Pacientes os seus clientes presos quando fazem pedidos de "Habeas Corpus".

18) "SUPLICANTE DEBOXADO": Pessoa que não tem respeito à outra. "Em Direito Civil fala-se o termo "Suplicante de má-fé" E usa-se o termo "Suplicante", até nos nossos dias, para dizer o Requerente, o que pede, suplica. Principalmente em Direito Civil

19) "UMA CAUDA QUE ATALHE A PERIGANÇA DELE":- Termo usado para definir uma força que impeça o indivíduo de continuar assim agindo. Deve ter vindo das obras de mitologia, onde os dragões e hidras usavam as caudas para impedir a passagem dos aventureiros por um determinado lugar.

20) "PERIGANÇA": As atitudes de agressão desenfreada da pessoa, bandido, agente do fato e que causam perigo e medo às pessoas. PERIGOSO.

21) "PER SÉCULA SECULORUM AMÉM ":- Termo em latim que significa "por todo os séculos e séculos, assim seja". Usado muito nas antigas missas católicas, quando esta era toda falada em latim.

22) "ARREFÉM ":- O mesmo que Refém.

23) "SER BOTADO AO REGIME DESTE JULGO": -Ser julgado conforme as leis deste Juízo. Colocado sob à punição da Lei. Sob à Custódia da Justiça. Sob as Penas da Lei.

24) MALIFÍCIOS": Os males que faz. Maleficio. Neste texto com o sentido do que de ruim a pessoa faz, traz ou causa aos outros.

25) "FAZ COÇAS ":- Faz gozações, debocha, humilha, desvaloriza...

26) PRIOR:- Padre, Bispo, Chefe da Igreja local (Do Latim: tem origem no termo "Prioris" - O primeiro de dois, o que vem ou está na frente).

27) HOMINE DEBOXADO, DEBOXATUS MULHERORUM, INVOCABUS EST SENTEUTIA QUIBUS CAPARE ESTE MACETE MACETORIUM CARRASCUS SINE FACTO NEGARE PETE": - A tradução livre seria mais ou menos esta: "Ao homem debochado, debochador de mulheres Invocamos Sentença que determine a Capação por Macete, via Carrasco, pois o Fato não foi Negado" Segundo entendimento da sentença, seria este um pedido do Bispo (Prior) da Cidade.

Ressalte-se que a cidade de PORTO DE FOLHA fica atualmente no Estado de Sergipe (Brasil), margeando o Rio São Francisco. Este Texto foi trazido até mim via de um colega da Faculdade, que virou Juiz de Direito no Estado do Tocantins, em 1985 e segundo ele, foi distribuído numa Reunião de Magistrados do Trabalho em 1979, antes dele ser Juiz, portanto, naquele Estado.

Há algumas publicações desta Sentença na Internet, mas não com esta "riqueza "de detalhes... (modéstia à parte).

Obviamente que atualmente as Sentenças proferidas ou prolatadas pelos Juízes, são bem mais rebuscadas, com maiores detalhes, citações de artigos e jurisprudências, e com muito pouco termo em latim. Mas a Sentença que acima transcrevemos serve como curiosidade histórica, para os alunos de Direito, professores e advogados, que não a conheciam ainda.

P.S. Hoje em dia os estupradores não são mais "capados", mesmo porque cometem estupros usando outras "armas" tais como boca, língua, braço, mãos etc. E o **Estupro atualmente para ser considerado crime não mais precisa ter havido conjunção carnal entre o criminoso e a vítima. Basta que esta seja tocada em algumas de suas partes, sem seu consentimento. Quando envolve crianças** então, conforme o caso, o crime é considerado hediondo, ou **estupro de vulnerável...**

X - UM **DIA NA VIDA DE UM ADVOGADO.**

Cansado do "stress" do dia a dia, o Dr. Jair, um conhecido advogado, após ficar mais de meia hora dando voltas ao redor do Fórum de Goiânia, aquele antigo da Assis Chateaubriand, até achar uma vaga para estacionar, conseguiu chegar no balcão do Cartório Criminal. Lá ele ia "olhar" um processo no qual ele iria juntar uma procuração, para dali em diante, representar o cliente num processo que ele não conhecia ainda. Como ele era meu colega e eu tinha indicado este cliente novo, e tinha que ir até o fórum naquele dia, eu estava lá, junto com ele, o que me deu subsídios para contar esta estória...

Ele, diferente de mim, só atuava na área criminal, por isto passei o tal cliente para ele. E obviamente, para poder atuar no processo, precisava ver o processo no Cartório. Este era o objetivo naquela tarde de sexta-feira, dia 13 do mês de março, alguns anos atrás.

Era mais ou menos umas duas horas da tarde, naquele dia de muito calor, como é comum no verão brasileiro, e goiano, principalmente. E apesar de haver ar condicionado no prédio em que estávamos, o meu amigo tinha "pego" um sol muito forte, dirigindo seu veículo para chegar até ali, e já estava bem nervoso com o trânsito louco que é muito comum nesta nossa Capital. Ele estava bem contrariado de ter de ido na parte da tarde, mas naqueles dias, daquele ano, o fórum só funcionava na parte da tarde. Acho que agora é o dia todo. Sabemos que de manhã é sempre mais tranquilo...

Contudo, o Dr. Jair não foi atendido de imediato. Havia outros advogados na sua "frente", numa espécie de fila por ordem de chegada. E havia outras pessoas também nesta "fila", que embora não fossem advogados, eram partes interessadas em outros processos, e tinham preferência pois tinham chegado primeiro. O que atrapalhava ainda mais era que somente uma atendente estava disponível no Cartório Criminal naquela hora e dia...

Era uma destas estagiárias que são contratadas no período em que estão cursando Direito. Normalmente acontece isto. E é comum também o fato de haver poucos funcionários nos Cartórios do Fórum. Mas ela fazia o que podia, "olhando" os processos para os advogados, pegando alguns nas caixas de arquivo e nas prateleiras e ainda digitando o andamento dos feitos no computador. Sozinha, seu nervosismo era patente... Isto sem falar que ela tinha de responder às perguntas dos advogados "chatos" e arrogantes, como muitos são. E sem contar aqueles mais afoitos que ficavam calados só olhando o decote da moça, que era bem bonita e jovem. Nesta hora eles esquecem até o número do processo que querem folhear...Começam a pensar em "outras coisas"! ...

Os leitores e leitoras inteligentes sabem do que estou falando.

Enfim, a situação era esta: Cartório cheio, sexta-feira à tarde, uma só funcionária atendendo, advogados criando caso, e o tempo passando e o Dr. Jair na espera, em pé, nervoso e cansado da labuta do dia a dia. Já estava ofegante. E eu, que tinha ido ali acompanhando ele, fiquei na entrada do Cartório, observando, sentado. De vez em quando eu entrava porta adentro e, na fila do balcão, conversávamos sobre a demora no atendimento.

O Dr. Jair, além da contrariedade com toda aquela situação, havia me dito que já viera de sua casa "grilado" com sua cara-metade, pois havia discutido sobre o final de semana. Ele tinha brigado com a "patroa" na hora do almoço, naquela sexta-feira mesmo, pois enquanto ele queria ficar jogando um "truque" com os amigos no domingo, até a hora de ver o Jogo do Vila Nova na TV, no Bar do Anacleto, a mulher queria por que queria ir para a casa da mãe dela, (sogra dele), numa cidade do interior, coisa que não era uma boa para ele...

E pensei eu em voz alta, conversando com ele:

-Fim de semana na casa da sogra Dr. Jair, ninguém merece!

E nós ali, com o tempo passando e o Dr. Jair "suando frio". Eram 3:30 da tarde e ele ainda não tinha sido atendido. Tinha uns 4 ou cinco na sua frente. Parece que todos os advogados tinham ido ali na mesma hora e mesmo dia. Acho que todos tinham pensado o mesmo: iam na sexta-feira pensando ter menos advogados para serem atendidos. A moça atendente, além de nervosa, de vez em quando olhava por uma porta para outras pessoas que estavam em uma outra sala do cartório e para o relógio na parede. Acho que ela precisava de ajuda, mas os outros ou outras funcionárias estavam ocupados...Ficam anotando dados, carimbando processos, dando andamento deles nos computadores...Normalmente é sempre assim. E ela, ou estava com fome, ou "marcando" o tempo que faltava para ir embora. Muitos funcionários públicos trabalham assim, loucos para dar a hora de irem embora, saírem do local de trabalho...

Entrei um instante para ver, e já eram 3:40 da tarde e nada do Dr. Jair ser atendido. Ele estava ficando "roxo" de raiva e tremendo as mãos. Aí ele me confidenciou que tinha diabetes tipo 2 (mellitus), que causa "hipoglicemia" (queda da taxa de açúcar no sangue) em certas horas, fazendo a pessoa se sentir assim e até vindo a desmaiar. Comentei com ele para deixarmos para outro dia, porém ele queria ver o tal processo naquele dia. De segunda-feira em diante tinha outras obrigações, viagem programada etc.

Quando algum diabético (tipo 2) sente esta reação, tem de chupar uma bala de doce, comer um cereal doce, com mel, ou coisa parecida, para "passar" o sintoma. Mas o Dr. Jair, naquele dia, à tarde, tinha se esquecido de carregar um deste no bolso do paletó, como sempre fazia. Tinha saído de casa nervoso, esquecera de pegar alguma coisa doce...

E já eram mais ou menos 4:10 da tarde, quando chegou a vez do Dr. Jair ser atendido. Mas nesta hora, a moça estagiária que estava atendendo todos no balcão, levantou a vista, olhou bem firme para ele e disse:

- "O Sr. me desculpe Dr. mas tenho de sair um pouco e fazer um lanche..."   E completou: "-Não estou aguentando mais!"

Essa sua fala foi a "deixa" final para o Dr. Jair "explodir", surtar, como dizem por aí. E pude ver sua reação bem ali, "ao vivo" e em cores. Ele teve uma crise de tudo: de raiva, de stress e de diabetes, tudo ao mesmo tempo. "Rodou a baiana" como se diz e falou tudo e o resto. Xingou desde o Escrivão do Cartório, que, por certo não estava ali naquela hora, até o Desembargador Presidente do Tribunal de Justiça. Ele começou no balcão de atendimento do Cartório Criminal e depois saiu para o corredor do andar do Fórum onde estávamos. Gritou sacudiu a pasta deixou cair papéis e os óculos e continuou xingando todos. Não poupou nem os Policiais (que sempre vigiam o Fórum) e os que chegaram lá assim que ouviram os gritos.

Nos seus xingamentos e gritos chamou o Escrivão de "viado" (que nem se sei se era de verdade), falou que o Presidente do Tribunal de Justiça era um "bosta", por não organizar aquela situação, e ainda atacou até o Governador do Estado, chamando-o de "político de merda", safado, de ladrão e incompetente, como se o citado Governador tivesse culpa pela desorganização do pessoal do Fórum, pela lentidão da Justiça. E falou mais coisas indescritíveis citando este ou aquele funcionário de Cartórios que ele conhecia pelo nome, chamando-os de imprestáveis, corruptos etc. Falou até que os policiais que ali estavam, também eram corruptos. Depois de tanta energia gasta e com todos os problemas já citados, desmaiou, sentando-se inicialmente no mesmo banco em que eu estava, quando ajudei-o a não cair no chão. Até a chegada de dois policiais, um cabo e um Sargento da Polícia Militar que viram parte de toda aquele seu "xilick".

Mesmo constrangido por ter ouvido ele xingar os Policiais, pedi que algum deles trouxesse um copo de água para o Dr. Jair. O Sargento PM, já irritado, não foi, mas mandou o Cabo PM pegar a água, num bebedouro no fim do corredor.

Depois de dar um pequeno" sermão" no Dr. Jair, dizendo que era para respeitar mais as "Autoridades", o Cabo deu um pouco de água para o meu amigo causídico. Que sem titubear, ainda pôde falar com voz embargada:

" Que Autoridades, vocês dois? E desde quando Cabos e Sargentos são Autoridades"? ...Disse o Dr. Jair, que de tanto ir ao fórum era conhecido destes policiais, também.

E antes de terminar de beber a água, foi devolvendo o copo, deixando molhar um pouco a mão do Cabo PM que lhe trouxera a água.

O Cabo e o Sargento não gostaram daquilo. E mesmo sem eu pedir, o Sargento foi de novo até o bebedouro, trouxe um novo copo de plástico com um pouco de água; e sem falar nada, incialmente, derramou um pouquinho na cabeça do meu amigo Dr. Jair, que estava com a cabeça baixa, se recuperando da hipoglicemia.

E naquela hora, ouvi o Sargento balbuciar baixinho:

- "O Sr. estava com a cabeça muito quente, Dr.!". E completou:

- "Melhor o Sr. juntar seus papéis, ir embora, descansar e voltar na segunda-feira"

Meu colega nem reagiu, ficou só olhando o policial se afastando, enquanto procurava um lenço para enxugar o rosto, que agora molhado, era uma mistura de suor e água...

Calado, observando toda aquela situação, chamei meu colega para irmos até o restaurante do Fórum, fazer um lanche, pois sabia que uma Coca-Cola ou outro refrigerante iria lhe controlar a "glicemia". E fomos até o Restaurante, no térreo do Fórum, onde pudemos fazer um lanche e logo o Dr. Jair voltou a ficar mais "tranquilo". Afinal, aquela sexta-feira não tinha começado, nem terminado muito bem.

Ele, mais calmo, me confidenciou que não gostou muito daquela água que o Policial derramou em sua cabeça. Achou que foi muita "petulância" do Sargento PM. E eu, para lhe acalmar mais ainda lhe disse que, depois de tudo que ele falou, ficou "barato".

-Foi só um pouquinho de água Dr! ... Falei brincando...

Depois disso ele concordou que na semana seguinte voltaria ali no Cartório. Afinal já eram umas 5:15 horas da tarde daquela sexta-feira "negra". E ele não iria para casa naquela hora. Voltamos, e ele me deixou onde eu trabalhava, bem perto de seu Escritório. Ao sair do carro ainda lhe falei:

- A vida de advogado é assim mesmo Dr. Jair...O Sr. sabe disso!

Depois, sozinho, fiquei lembrando de tudo o que vi naquela sexta-feira de tarde. Depois do que presenciara de bem de perto, me lembrei de um dos artigos do texto chamado "Mandamentos do Advogado" de Eduardo J. Couture, que diz:

"A ADVOCACIA É UMA FATIGANTE E ÁRDUA ATIVIDADE POSTA A SERVIÇO DA JUSTIÇA"

XI- **BEIJO ROUBADO É CRIME?**

A moça jovem branca, estudante, nos seus 19 anos de idade, tinha entrado no ônibus que passava no bairro onde morava, para ir até um Shopping no centro da cidade. Estava tranquila e com objetivo definido: ia comprar um livro para realizar uma pesquisa e fazer um trabalho escolar. Eram 13:30 da tarde e ela também estava pensando em aproveitar a hora e o lugar para depois ver um filme, em um dos cinemas do Shopping. Tinha planejado tudo, naquele dia quente de sexta-feira, na Capital Federal. Inclusive pensou que, como tinha muitas amigas e colegas, poderia encontrar uma colega ou um colega de escola, e poderiam ver o filme juntos. Coisas comuns para quem neste estágio da vida, com muitos sonhos e esperanças, está começando um Curso Superior e na idade dela.

E ali, sentada na cadeira do ônibus do lado da janela, pôs-se a observar a paisagem, ouvindo música no rádio FM do celular. Não havia muitos passageiros, e a "viagem" seguia tranquila. Enquanto a música tocava seu pensamento voava, e tentava entender a letra da música inglesa que entrava no seu ouvido, naquele momento.

De repente, no banco vazio ao lado dela, senta-se um rapaz simples, moreno quase negro, do mesmo bairro onde ela morava, mas que ela não conhecia. Ele tinha entrado no ônibus naquela hora, pois tinha "pego" o ônibus no terceiro ou quarto ponto após o local onde ela tinha entrado no coletivo. Inicialmente ele sentou-se ali ao lado dela e ficou um tempo calado. Mas sempre observando-a. Ela não o olhava no rosto. E ele virava o rosto, e de vez em quando a fixava. Achou-a bonita. Afinal ela era bonita mesmo. E num destes momentos, quando ela virou o rosto para o seu lado ele a cumprimentou:

- "Olá Boa tarde! Tudo Bem?

Ela nem deu muita importância, pois estava com os fones nos ouvidos e só balançou a cabeça afirmativamente. Não queria muita conversa naquela hora. Mas o rapaz insistiu em cumprimentá-la, em falar com ela, mas não obteve resposta. Enquanto isto o ônibus continuava seu trajeto e ia enchendo de gente. E o tal rapaz ficava olhando-a firmemente, o que ela notava pela sua visão periférica, mas não se importava, pois sabia que logo iam descer e aquela situação iria passar. Porém, de tanto ele insistir, ela se virou e o olhou, ainda calada. Ele viu que a moça, enfim, o olhava no rosto.

E ele falou:

- "Oi, eu me chamo Roberto! Tudo bem com você? Qual seu nome?"

Nesta hora ela tirou os fones do ouvido e meio a contragosto o cumprimentou:

- "Olá, eu me chamo Vanessa. Me desculpe, mas estou "concentrada" aqui na música". E voltou a pôr os fones nos ouvidos e não deu muita importância à conversa que ele queria continuar. Mas sem ela dar atenção, ele se calou. E por um tempo ficou sem fixá-la no rosto, como vinha fazendo antes.

Ela estava encabulada e chateada com aquela situação. Pensou em mudar de cadeira, mas não tinha outra cadeira vazia no ônibus. Se saísse do banco em que estava, ficaria em pé, no ônibus. E por um momento deixou de se preocupar com seu vizinho de cadeira, passando a observar e procurar o local onde teria de descer, pois a viagem estava perto do fim. Ficou, de novo, concentrada na música e observando as lojas, as vitrines e propagandas nas frentes das lojas, naquelas ruas movimentadas, que via pela janela do ônibus coletivo.

E neste trajeto, já tinha se passado mais de trinta minutos. Ela não via a hora de descer do ônibus. De repente, para verificar se o tal rapaz ainda a olhava fixamente como antes, virou o rosto para ele, e o "cara" se aproveitou deste momento e, literalmente, **roubou-lhe um beijo**. Foi num átimo de segundo. Não deu nem tempo de ela escapar do beijo. Ela se irritou bastante. Ficou revoltada com o atrevimento daquele beijador! E sua ração foi imediata. Apelou, deu-lhe um "tapa" no rosto com toda força. Ele ia se levantando querendo sair do ônibus, diante da reação dela. Mas ela arranhou o seu braço, tal foi a força empregada para segurá-lo. Em seguida ela gritou que estava sendo molestada. Fez um escândalo razoável, com a situação. E com a ajuda de outros passageiros que seguraram o sujeito, estes fizeram com que o motorista fosse parar na Delegacia mais próxima. O motorista os deixou lá e se mandou com o coletivo, as outras pessoas queriam ir para seus destinos.

Estando na delegacia com algumas testemunhas a lhe ajudar, ela ainda xingou o rapaz, que nesta altura do campeonato estava seguro por uns passageiros fortes que estavam com dó da moça, de tão nervosa que ela estava. Ela o olhava com raiva e ainda o chamou de "Atrevido"," Safado" e outras coisas mais.

Na delegacia, diante da situação, ela "fez" um T.C.O. (Termo Circunstanciado de Ocorrência) contra o rapaz, sendo informada pelo Delegado que aquilo iria parar no Juizado Especial Criminal, onde depois de uma Audiência Preliminar, ela poderia entrar com uma Queixa-Crime. Ali, na Delegacia ela pôde observar que uma senhora de seu bairro estava disposta a lhe ajudar. Esta falou-lhe que conhecia o rapaz e que ele trabalhava num comércio(supermercado) perto de sua casa. Após a "ocorrência" feita na Delegacia, Vanessa foi embora, resolver o problema da compra do livro, que ia fazer naquele dia. O Delegado e o Escrivão, para poder evitar confrontos, segurou o rapaz mais um pouco na Delegacia, até que a moça, bem nervosa e contrariada, fosse embora. Ela saiu dali "cuspindo marimbondos" de raiva... E o beijador, diante do Delegado e das testemunhas, ficou constrangido também, naquela situação...

Saindo dali, Vanessa fez o que tinha ido fazer. Comprou o livro que pretendia. Mas não teve mais ânimo de entrar no cinema do Shopping como planejara. Afinal essa "confusão" lhe tinha deixado muita nervosa. E já estava tarde também. Voltou para casa e contou tudo à mãe, como sempre fazia quando alguma coisa a incomodava. E a mãe a incentivou ir adiante com a Ação na Justiça, quando fosse a época da Audiência no Juizado Especial Criminal.

Passou-se o tempo. Muito tempo. E após intimações pessoais feitas pelo Juizado, ocorreu a tal Audiência Preliminar. E lá, de novo, Vanessa se viu diante do **beijador**. O Juiz tinha nomeado um advogado para ela e o sujeito beijador chegou acompanhado de um advogado também. O Juiz Conciliador tentou encerrar o assunto, com a "transação penal" prevista em lei, demonstrando que ela também tinha arranhado o rapaz e que aquilo era um problema simples, que não tinha acontecido "atentado ao pudor", constrangimento ilegal, lesão corporal, etc. etc. O Magistrado entendeu que era um caso "pitoresco" e que não deveria virar uma Ação Penal. Ainda chegou a perguntar à Vanessa se ela teria agido dessa forma, se o beijador tivesse sido o Gianechini, (Ator Global) por exemplo? Ela apenas respondeu que:

-   -Ai seria diferente, não é, Dr! "...

E o Magistrado não aceitou a teoria do advogado dela, que exigia uma indenização por danos morais, por ato ilícito, injúria, constrangimento etc.

E como não houve acordo, o advogado apresentou a queixa-crime prevista na Lei 9099 de 29/09/1995, (Artigos 60 em diante) e assim começava a Ação Penal. E depois desse dia, devido às qualificações feitas no Processo, Vanessa soube que aquele rapaz, apesar de tudo era um trabalhador, e que era solteiro e tinha 29 anos de idade.

Passado mais tempo ainda foi marcada a Instrução e Julgamento, com a oitiva das testemunhas, depoimentos pessoais etc. E após as formalidades de praxe, o MM. Juiz titular do Juizado disse que em 05 dias daria a sentença. Passados uns dez dias o advogado(nomeado) de Vanessa lhe comunicou, por telefone, que o MM. **Juiz não lhe dera "ganho de causa".** Na sua exposição e/ou relatório da sentença, o MM. Juiz disse que "Num mundo de tantas ,violências, assaltos crimes e guerras como é o nosso, uma pessoa de bem ,trabalhadora, como era o Roberto (beijador)se aproveitar de um descuido ou momento de distração de uma moça bonita ,como era a Vanessa, e dar-lhe um beijo simples, sem violência ou grave ameaça, não poderia se configurar num crime mesmo de pequeno potencial ofensivo ,numa contravenção penal ,ou num ato ilícito, para gerar um direito a um dano moral".

E continuou o Magistrado no texto de sua sentença : " Se o beijo em questão, dito como roubado ,ou à força, pela Suplicante Vanessa, tivesse sido dado por uma pessoa bem apessoada e famosa como o Reinaldo Gianechini, por exemplo, provavelmente a Autora da Ação(Vanessa) estaria vibrando, contando às amigas que o fulano de tal, bonitão das novelas e da TV a teria beijado... Mas como foi um rapaz simples, moreno quase negro ,não famoso e não conhecido dela, morador de bairro ,isto causou-lhe aborrecimentos, etc...Mas não um constrangimento tal que gerasse um crime ou um direito à uma indenização"...

Entendeu o Magistrado, portanto, que BEIJO ROUBADO NÃO É CRIME. Ao final determinou que o Roberto (Suplicado), fosse punido apenas com o pagamento de uma multa, e que o processo fosse arquivado. Nestes processos do Juizado nem custas processuais tem para pessoas físicas, em primeira Instância. Em caso de Recurso, para as Turmas Recursais, as empresas citadas pagam custas.

O Juiz ainda criticou os funcionários da Justiça por terem se empenhado tanto em dar andamento em um processo, cujo assunto fosse tão insignificante, embora este Processo tenha demorado mais de dois anos até chegar à fase final. Com tal decisão, assim que soube e entendeu o teor da Sentença, o advogado comunicou à Vanessa, e esta ficou mais aborrecida ainda...E para lhe agradar, o causídico nomeado pelo Juiz desde a primeira audiência, falou que iria recorrer para a Turma Recursal, como é comum nestes casos. Na Turma Recursal se encerra de fato o processo, pois não "cabe" mais recursos...

Mas a Vanessa não quis ir adiante naquele feito. Ela não queria mais passar pelo constrangimento de ficar frente à frente com o beijador. Agora ela já sabia onde ele trabalhava e ele onde ela morava. E assim, ela tinha medo de alguma represália por parte dele.

Passou-se o tempo, e Vanessa se mudou para outro bairro. E não mais viu o **"ladrão de beijo"**.

Enfim, conhecendo a história e a decisão do Juiz, para os leitores deixo a minha pergunta final:

- **Roubar beijo então não é crime**?

-Pelo menos no caso citado acima não foi considerado como tal.

- Tirem suas conclusões! ...

XII- FUTURO DE PAPAGAIO DECIDIDO NA JUSTIÇA FEDERAL

Em Goiânia, GO, aconteceu um caso interessante de demanda judicial, que além de inusitada, chamou atenção de vários veículos de comunicação, que na época, deram publicidade ao fato.

Trata-se de uma Ação Judicial, que tramitou pela Justiça Federal de Goiás, entre 2011/2012 na qual se discutiu a "guarda" de um papagaio de **nome "Lourinho"**, que já pertencia a uma senhora simpática, já de idade e moradora de Goiânia, GO. Ela o "herdou" de seu filho, de nome **Euler Deolindo Franco**, um militar que morreu muito jovem, em uma tragédia ocorrida num quartel, em Goiânia, Go, há alguns anos.

A história, em resumo é mais ou menos a seguinte: Este **"Lourinho"** é um papagaio "simpático" que já vive na casa da família da **D. Romilda** há cerca de 34 anos. Na época da demanda judicial, parece que ele estava incomodando algum vizinho. Provavelmente ficava agitando cantando e falando o dia todo...

Mas, papagaio fala mesmo! Uns conversam demais... (menos que o Galvão Bueno, claro)

Então o tal vizinho o denunciou ao **IBAMA**. E este órgão do Governo aplicou uma multa à D. **Romilda Justina Franco**, a dona do papagaio, mãe do militar que lhe deixou o papagaio como herança. Na Autuação para a multa o órgão deu um "veredicto" administrativo para que ela devolvesse o bichinho "penoso" ao órgão federal, para que este desse uma destinação ao mesmo. Inconformada, ela contratou uma advogada que entrou com um

MANDADO DE SEGURANÇA, na Justiça Federal, uma vez que o problema envolvia o Ibama e este é um órgão federal...

Na reportagem que a TV mostrou à época ela informou que estava apreensiva com a possibilidade de perder a posse do Papagaio "Lourinho", que se tornou sua companhia constante desde a morte de seu filho Euler, morto no quartel da PM, em 2004, num caso que também foi noticiado pela Imprensa. Segundo D. Romilda, foi o seu filho Euler que, quando ainda era criança, encontrou este papagaio em uma cerca de uma chácara, nas proximidades de Goiânia, Go, e o trouxe para casa, ainda no início dos anos 80'.

Antes da denúncia do tal vizinho, que originou o processo administrativo do Ibama, a D. Romilda já havia pedido a **"Guarda Doméstica"** e definitiva do "Lourinho", em 2010, ao órgão chamado IBAMA. Mas, como é comum nestes órgãos federais, o processo ficou parado até o primeiro trimestre de 2012. E só foi movimentado após a denúncia do tal vizinho incomodado... E assim, após a decisão administrativa do Ibama, foi que começou a demanda na Justiça Federal, com a **Impetração do Mandado de Segurança, na 6ª Vara da Justiça Federal**, por intermédio da Advogada **Dra. Carolina P. Alves**. Neste, inicialmente, ela solicitou a Guarda Provisória do "Lourinho" para a D. Romilda. Se fosse concedida esta, pediria depois a Guarda Definitiva! ...

D. Romilda, ficou muito tempo ansiosa pela Decisão da Justiça Federal. Na Justiça Federal, ou por má intenção ou por desconhecer o processo administrativo, o Representante do Ibama em Goiás disse que não havia Processo contra D. Romilda. Mas havia sim, era o mesmo processo que ela fizera, administrativamente, pedindo a Guarda Doméstica do papagaio. E por causa da denúncia do vizinho o processo no Ibama "andou" E foi neste processo que houve a decisão administrativa e desfavorável à D. Romilda e a aplicação da multa, de R$ 5.000,00 (CINCO MIL REAIS). Foi contra este ato arbitrário do Chefe do Ibama de Goiás, que "coube" o Mandado de Segurança em favor de D. Romilda.

Segundo consta desta Decisão do Ibama, o órgão levou em conta apenas o lado do animal (ave), e que esta deveria ser inserida em seu "habitat" natural, com reabilitação ou encaminhado a um "viveiro" legalizado.

Mas, os papagaios vivem em bandos só quando são selvagens ...

-E os papagaios não são domésticos? Pergunto eu.

E penso que, um papagaio que já vivia em uma casa, sendo tratado com um bichinho de estimação há mais de trinta anos, como iria sobreviver em outro local, já que após tanto tempo é uma ave domesticada... Até falar ele fala... A maioria deles, se trenados ou ensinados, fala bem mesmo... (Fala até o que não deve).

-Que insensibilidade deste burocrata do Ibama.

E D. Romilda criava bem o bichinho, que era bem tratado em um viveiro que o filho tinha construído para ele, com 15 metros quadrados, na sua casa no parque Acalanto, com atendimento às normas do **CONAMA (Conselho Nacional do Meio Ambiente)**. Além disso, conforme disse a Dra. Carolina, em sua petição e em entrevista à TV, "**O papagaio, no Brasil, não está entre as aves que correm risco de extinção**".

O Processo envolveu não só o lado técnico e administrativo da questão, ou o ato arbitrário e técnico do Ibama. Adentrou até no lado pessoal, sentimental e de saúde da D. Romilda, que juntou aos Autos até um laudo médico informando que ela sofre de Depressão de Síndrome do Pânico. E o "lourinho" seria este lenitivo para seus males. Em outras palavras: "Conversar" com o Lourinho a faz esquecer as doenças, e aceitar mais **a morte de seu filho Euler, Oficial da PM** que foi vítima da tragédia no quartel, em 2004, quando um Sargento desequilibrado atirou em outros militares, e vitimou o filho querido dela, entre outros.

Reaberto o processo administrativo, várias testemunhas disseram que o Lourinho não incomodava ninguém. Só o tal vizinho denunciante tinha os seus motivos e/ou dissabores com os palavreados, assobios e barulhos do Lourinho.

Na época desta demanda, D. Romilda chegou a chorar com a possibilidade de perder o Lourinho. **Ela "transferiu" para o papagaio o amor que tinha pelo filho Euler**, o militar morto, com apenas 29 anos de idade, e já era oficial da PM, com um futuro pela frente. E ela teve "recaídas de Depressão", ao saber que poderia perder a Guarda do Papagaio "Lourinho ". E na entrevista que deu na TV lembrou toda estória de vida de seu filho Euler, que era tenente da PM de Goiás, cujo "caso" de sua morte repercutiu muito na imprensa goiana. Segundo ela, o papagaio era a companhia preferida do filho por muitos anos. O Papagaio fazia "festa" quando ele chegava em casa, todos os dias.

Disse ela que quando seu filho Euler morreu, o papagaio ficou triste, calado, por mais de cinco meses. Muitos bichos agem assim.

Eu, se fosse o Juiz já na época da primeira petição do mandado de Segurança, teria dado a Guarda Definitiva do papagaio à D. Romilda. Mas este só concedeu a Guarda Provisória. Mas dispensou ela de pagar a multa de R$ 5.000,00 ao Ibama. Isto em finais de junho de 2012. E depois deu a Guarda definitiva, acabando mais este "sofrimento" de D. Romilda.

Afinal para o papagaio o melhor lugar para viver era ali, na casa dela, onde ela vivia a chorar pelas recordações do filho falecido. A decisão não só envolveu a parte técnica e de sobrevivência da ave, mas também pesou o lado sentimental da história de vida de D. Romilda, a perda de seu filho e o que representava a ave para sua vida. E digo eu: afinal, tudo tem que ser vivido agora, seja o sofrimento, o amor, a afeição e os sentimentos, pois nem ela nem o papagaio irão viver eternamente. Pelo que sei, nem ela nem o papagaio, nem ninguém, viverão eternamente aqui na Terra.

-Somos todos passageiros nesta vida...

--Seria Deus, o motorista?

XIII- CRIME E PECADO

Outro dia, caminhando pelas ruas centrais de Goiânia, GO, me deparei com uma cena no mínimo curiosa: Dois homens, de aproximadamente 20 a 25 de idade, cada um com uma sacola plástica nas mãos, roubando pequenas mercadorias que estavam expostas na porta de uma loja de variedades. **Naquela hora roubavam ou furtavam** guarda-chuvas que estavam fechados nuns plásticos; carteiras de bolso; brinquedos eletrônicos e outros pequenos objetos que ficavam em exposição, naquela loja de varejo ao lado das Lojas Americanas, que fica na Avenida Anhanguera, centro.

E isso estava acontecendo ali na minha frente, em plena luz do dia quente de dezembro, e num dia de semana, às 15:00 horas. E ninguém fazia nada. Só olhava como eu...

Muita gente viu! E viu também que eles não estavam armados...

Como eu parei um pouco para observar melhor as atitudes deles, eles também pararam por um tempo de furtar as coisas e me olharam firmemente. Era claro que desaprovaram o fato de eu os estar observando, assim como eu desaprovava o que eles estavam fazendo. E como eu não sou da Polícia e nem era ao menos conhecido do dono da loja pensei: melhor eu ir embora e "**deixar eles para lá",** como se diz por ai....

Porém para meu espanto, um dos "larápios" que ficara para trás, apressou o passo e me alcançou. Parou bem na minha frente, me olhou fixamente nos olhos e com o dedo em riste apontando para mim disse:

- **"Olha aí cara, tá na Bíblia, não devemos nos envolver nos assuntos dos outros"** E ainda citou uns versículos e o capítulo da Bíblia, **do Novo Testamento** e repetiu:

"**Tá no Livro de Mateus,** cara, vê lá, você não lê a Bíblia? "

Fiquei pasmo com aquilo. E na hora até ri, da "petulância" daquele ladrão barato a me "dar sermão" em plena luz do dia.

Deu-me a impressão que, para ele, roubar era coisa normal, e eu não deveria atrapalhar o "trabalho" deles...

- Que coisa hein?

Acho que ele, naquele momento, pensou que eu iria avisar os donos da loja ou chamar a Polícia. Mas confesso que nem pensei nisto naquela hora. Fiquei assustado, meio incrédulo com tudo aquilo. E pensei: afinal de contas, o fato de eu os ver roubarem estava atrapalhando-os? Naquele momento até pensei em questioná-lo:

- **Ora! se ele conhecia o que está na Bíblia, não deveria estar roubando!** Mas não deu tempo, ele foi encontrar-se com seu parceiro que ia à frente e virou a esquina num passo mais forte. Sumiram em meio às pessoas que estavam comprando coisas para o Natal.

Daquela hora em diante meu plano era chegar em casa e pegar a Bíblia para verificar se aquele ladrão estava certo. Mas não lembrei bem qual o Capítulo ou versículo ele havia me dito. Mesmo assim procurei e realmente encontrei. Estava lá na Bíblia um Versículo onde está escrito que **"não devemos nos envolver nos assuntos de pessoas alheias"**.

Eram outras palavras, mas com o mesmo sentido. E pensei: **Aquele era um ladrão que lê ou que já leu a Bíblia...**

Depois analisei bem a situação e cheguei à seguinte conclusão: O sujeito comete um crime de furto ou roubo, em plena luz do dia, observa que eu estou vendo sua atitude, e vem até mim "justificar" seu ato criminoso, me citando um versículo da Bíblia, como se quisesse dizer que o errado seria eu? Entendi que sua atitude seria como se ele quisesse me dizer:

- "Fica calado que você não tem nada a ver com isto! "

Porém, numa análise final digo que ele cometeu um crime previsto no artigo 157 do Código Penal, que é o roubo ou furto de coisas alheias.

E pecou ao se utilizar da Bíblia, que em síntese é a Palavra de Deus, para "justificar" seu crime. É o "fim do mundo", pensei...

Mas sei que, mesmo que ele não venha a ser preso, julgado e punido, pelas leis dos homens, **ele será "julgado" pela Lei Maior, a Lei de Deus!** E desse ninguém escapa. E penso também que mesmo aqui na sua vida terrena, ele irá sofrer as consequências de seus atos. É o preço que se paga por agir errado, cometer crimes, mesmo que sejam pequenos furtos ou roubos.

Sempre "pagamos" nossos pecados... (Este é um pensamento Católico)

E analisando a situação sob o ponto de vista do Direito, me lembrei que atualmente estes pequenos crimes, os furtos, e também as fraudes, tipo estelionato e contravenções, não mais dão punição com cadeia. As leis que surgiram nos últimos anos, entre elas a Lei

9.099 de 1995 (Juizados Especiais), e a lei nº 12.403/2011 transformaram as punições nestes casos em obrigar os criminosos e estelionatários em apenas responderem um simples processo, começado, através das Delegacias de Polícia com um **TCO- (Termo Circunstanciado de Ocorrência)**, e que permitem transação penal, nos Juizados Especiais Criminais, com a substituição da pena, pagamentos de cestas básicas, etc. Existe ainda a liberdade provisória, com o pagamento de fiança por parte do indiciado para ele poder "responder" ao delito em liberdade... Além de tudo isso, juízes e promotores, atendendo a pedidos feitos por advogados, estão concordando em absolver todos estes ladrões, fraudadores e estelionatários, alegando que são ladrões de coisas pequenas, de objetos de "pequena monta.

"Crimes de menor potencial ofensivo", dizem eles!

Os advogados criminalistas (alguns apenas "soltadores" de presos, ou de "porta-de-cadeia", a meu ver), arrumaram agora estas alegações de que "tendo em vista a insignificância do delito..." E com Habeas Corpus, livram seus clientes antes mesmo que sejam interrogados em Juízo. Por outro lado, os juízes, ao julgar, usam termos como "o crime praticado pelo indiciado é de pequeno potencial ofensivo". E se os ladrões não usam armas, estes nem são condenados. A tentativa de crime, por parte do indiciado sendo que tal crime não se consuma, no Brasil dificilmente é condenado...

Assim, estes "pequenos" ladrões ditos "pé—de-chinelo", nunca são condenados de fato e de direito. **E sempre estão na situação de "Réu Primário"**. Quando ficam presos, estas prisões duram apenas dias ou meses. O sujeito volta para as ruas, para roubar de novo. E fica esta eterna luta de gato e rato: a Polícia prendendo e a Justiça soltando...

Enfim, **os bandidos ficam "conhecidos" da Polícia**, mas nunca ficam presos. Este mesmo que falou comigo na rua, já o vi sendo entrevistado na TV, numa das vezes que foi preso por roubo. Para ele isso vira rotina: enquanto está preso fica comendo e "descansando" na prisão. Dormindo e comendo às nossas custas. Depois, volta ao "trabalho" de roubar de novo. E se roubam comida, ficam impunes mesmo... É o tal furto famélico.

Tem uns ladrões que são cara-de-pau. Se pegam eles em flagrante, alegam que estavam levando uma mercadoria deles, ou que "pegaram" emprestado. Ou que irão pagar a mercadoria ao dono, como ouvi estes dias. Outra vez vi um ladrão dizendo que havia pegado uma TV grande só para "zuar", mas que iria vender para comprar droga...

E um deles falou para o Delegado: -

- "Ora! Dr. A gente não trabalha né... como é que a gente vai pagar o baseado (droga)...... Se nós num pagar os "homi" (traficantes) mata nós ".

E era a sua justificativa para roubar. E tem os que pegam bicicletas, carros e motos e dizem que foi para usar uns dias, aparecer para as "gatas" (mulheres jovens). Alegam "furto de uso", mas não é o caso. E nem era este o caso dos rapazes que vi roubando ou furtando. Eles estavam com sacolas apanhando muitas peças de pouco valor, provavelmente para revender...E nesta "empreitada", para vender coisas roubadas e furtadas, o lucro deles seria de 100%, pois nada lhes custara cada peça.

O que me entristece é saber que de tanto ladrão que há por aí, os legisladores-políticos estão querendo "liberar" aos poucos estes pequenos furtos, roubos e assaltos, pois não há cadeias para todos. E os Estados, por intermédio de seus Governantes, não querem construir mais cadeias, para sobrar o dinheiro para os políticos se reelegerem...

Ora num País como o nosso que não pune os grandes ladrões (políticos, empresários etc.) como irá punir os pequenos larápios, como os que vi roubando na rua, em plena luz do dia? Afinal o que é um roubo de carteiras, guarda-chuvas e brinquedos, comparados aos roubos milionários dos Políticos do Mensalão da "turma" do Lula, da Dilma ou de outro Político corrupto, como os muitos que existem por aí por exemplo?

Além do que Delegados, Juízes e Promotores já estão muito ocupados com processos que envolvem grandes bandidos," gente grande", traficantes e bicheiros, que dão "ibope" até para eles mesmos. Como iria um Delegado fazer um inquérito Policial para um ladrãozinho de carteiras e guarda-chuvas, e que ele já conhece e sabe que raramente fica preso? Afinal, seria perda de tempo. Isto quando a Polícia não está em greve...

Sem contar que mesmo os que eles prendem, são soltos em poucos dias. Por causa de nossas leis fracas, do Código Penal e outras leis que dão chances, ou brechas para os advogados criminais... Como a **tal Lei 12.403 de 2011,** que já citei em outros textos deste mesmo compêndio...

Este sujeito que vi roubando e que me citou um versículo da Bíblia, provavelmente, nenhuma culpa ele deve sentir, pois para muitos destes "crentes", todos os seus atos serão perdoados. Ou seja, cometem crimes, mas já estão "arrependidos" e "salvos" pra ganhar o benefício celestial.

- Será?

-E pergunto eu: -**Será que toda esta ladroeira vai acabar um dia?**

Enquanto isto temos de ficar à mercê "deste povo", sejam eles ladrões baratos ou ladrões-políticos, a nos roubar todos os dias e nos obrigando a pagar impostos altos para sustentá-los. Uns nas cadeias, outros nos Palácios, nas Câmaras de Deputados, na de Vereadores, ou nas Assembleias Legislativas e outras "Assembleias" Religiosas, que usam o nome de Deus para extorquir parte do nosso salário. Estes Bispos e Apóstolos de araque...

E ainda temos que ficar trancados em casa enquanto os ladrões dominam as ruas.

Esta era a "civilização" de que tanto se falava? Como dizer que vivemos num mundo civilizado se as pessoas estão cada vez mais maldosas? Nunca se matou e se roubou tanto.

Agora tem mais essa: os ladrões, além de levar nossos pertences e de tirar nossa liberdade de ir e vir, ainda estão lendo a Bíblia, tentando "justificar" seus crimes? -Qual é maior: o Crime ou o Pecado praticado por eles? Finalizando, repito aqui uma frase do **Escritor Goiano Gabriel Nascente: "NÓS VIVEMOS NUM TEMPO DE HOMENS AGACHADOS...E OS MUROS ESTÃO CARIMBADOS DE MEDO!"**

E pensei cá com meus botões: -**Num país de ladrões como nosso, a Bíblia nem é mais considerada, por alguns, como um** livro sagrado. É um compêndio com ensinamentos, **que mal utilizados por alguns religiosos, tem servido para extorquir dinheiro do povo, em forma de dízimos, por exemplo.**

XIV-A PENSÃO ALIMENTÍCIA: UMA FACA DE DOIS GUMES.

"Carlos que amava Dora, que amava Lia, que amava Pedro, que amava Rita, que amava Paulo, que amava Léa..." Assim termina a música "**Flor da Idade**" de autoria do **Chico Buarque de Holanda,** feita ainda nos anos 70' do Século XX, **e que traz versos** tirados de um poema **de Carlos Drummond de Andrade**, o nosso **"Poeta Maior"**. Mas no caso em tela, que vamos explorar aqui, Carlos amava era a Lea mesmo, e estavam apaixonados, como é comum nestas idades, quando se pensa em se casar, viver juntos.

Nestes casos ou as pessoas estão mesmo apaixonadas, ou pensam que estão. O certo é que há muito desejo, muita química e cumplicidade, que são normais para quem está pensando em formar uma família. Afinal, todo homem e mulher de verdade, chega uma hora em que pensam em se casar, ter filhos etc. E Carlos, na época, tinha vinte e sete anos de idade, casou-se com Léa, de vinte e um ano de idade.

Diz a lei que entre as finalidades do casamento está a ajuda mútua, a formação da família e a criação de filhos. **Entretanto, para muitas mulheres o casamento é um trampolim, para ela alcançar objetivos**, que se ficasse solteira, seriam mais difíceis de alcançar. Esta mulher esperta, interesseira, cujo comportamento são comuns no mundo moderno, **é chamada de "mulher alpinista"**. Dizem por ai que mulheres desse tipo **já se casam com todos os planos feitos,** inclusive **com a data certa para se separar**.

No começo tudo é muito bom. Até as dificuldades o casal "tira de letra" como se diz por aí. Afinal, vivemos sempre de esperança. E quando se é jovem, recém-casado e com filhos, se as pessoas envolvidas querem mesmo constituir e manter a família, as dificuldades são normais e aceitas como rotina. Todos nós passamos por isto. Mesmo quando não há dificuldades financeiras, há os problemas normais do casamento. Brigas entre as famílias, sogras, ciúmes...Ninguém escapa disso!

Carlos e Léa formavam um casal assim. Com problemas, mas felizes. E ele, com muito esforço, fez tudo para que ela estudasse. Ou seja, a ajudou-a financeiramente a se formar em Psicologia. Embora, por não ter tempo nem dinheiro, Carlos não chegou a frequentar a faculdade enquanto estava casado com ela. **E com o tempo, vieram os** filhos. Um logo no início do casamento, e o outro filho, cinco anos depois. **Dois meninos**. E assim **viveram juntos de 1996 a 2006**. Dez anos de altos e baixos, que culminou com a separação. Ai sim, começaram os problemas de verdade....

Infelizmente, os casamentos de hoje em dia, não duram mais "até que a morte os separe", como se dizia antigamente. Agora, quando se casam legalmente, os casais vivem juntos até que a separação de fato ou judicial chegue na vida deles. E foi o que aconteceu com Carlos e Léa. E cada um foi para o "seu" lado, mas os vínculos continuaram. Vínculos obrigacionais e familiares. Como escreveu um advogado carioca anos atrás, no seu livro**, "As Separações Judiciais São Para Sempre"** ... E digo eu, principalmente **se da união entre o casal advieram filhos. Este vínculo nunca acaba.**

Assim, brigando pela guarda dos filhos, pensão alimentícia e pela partilha dos bens, eles continuam vinculados até hoje, sendo que cada um deles arrumou outro ou outra companheira, conforme o caso...E por fim, em agosto do ano de 2013, **se divorciaram de direito.**

Ela se mudou para São Paulo e se deu bem por lá, chegando a estar morando na Avenida Paulista. Arrumou emprego e um companheiro que, parece, lhe satisfaz as mordomias que Carlos não mais dava para ela. Ele, por seu lado, de vida mais simples, arrumou uma companheira, vivem juntos e tiveram um filhinho que nasceu prematuro e que até a feitura deste texto, estava prestes a fazer de 05 anos de idade. Carlos e sua nova companheira seguem juntos querendo viver em paz, o que a ex-mulher não deixa, pois ela continua com as perseguições, utilizando-se das Ações Judiciais, redes sociais etc.

Atualmente, além da "Indústria da Pensão Alimentícia" há ainda um modelo de comportamento de algumas mulheres: Por exemplo**: "A Mulher Alpinista",** que segundo se diz por ai, é aquela mulher que casa sem instrução, faz o marido pagar tudo para ela, inclusive o Curso na Faculdade, e após ela conseguir um emprego e um carro e a pensão para ela ou para os filhos, **dá no pé.** Quer dizer: o marido é um trampolim para ela conseguir alcançar seus objetivos...

Na nossa história, após anos e anos de brigas por bens, pela guarda das crianças e por pensão alimentícia, Carlos e Lea se divorciaram legalmente no ano de 2013. Assim, judicialmente estão divorciados (Separados de Fato e de Direito), **mas continuam os vínculos obrigacionais.** Ela não o esquece e de tempos em tempos, chega uma nova intimação ou citação lhe cobrando a Pensão Alimentícia. E pior, como cada uma das partes agora está com um filho e ela não mais pode pedir pensão alimentícia para os filhos, pediu para si própria e ganhou esta benesse da Justiça: **04 salários mínimos por mês, que Carlos não paga e não pode pagar.**

Com isso, **via Carta Precatória oriunda do Juízo de São Paulo**, vem sempre a "pressão" feita pelos Juízes e pela lei para estes casos: Caso não pague ou não justifique o porquê disso, já está patente o pedido de prisão, conforme **o art. 733 do Código de Processo Civil.** E por este motivo, **Carlos já esteve preso por 30 dias em Goiânia**, entre os meses de maio/junho de 2009. Mas como **estas prisões pelo não-pagamento de Pensão Alimentícia não quitam débitos,** outros pedidos de prisão contra ele vieram, via precatória, sendo que esta situação vem se repetindo constantemente desde então.

E ele fica sempre em sobressalto, trabalhando com medo de ser preso de novo, a qualquer momento, pois não pode pagar pensão para a ex-mulher, neste montante de 04 salários mínimos. E os valores vão se acumulando, se multiplicando, ao ponto desse valor, logo após a prisão dele em 2009, chegar a um valor astronômico **de R$ 198.680,00.**

E pior de tudo, esta pensão lhe foi imposta pela Justiça de São Paulo, num processo no qual nem se defendeu direito, já que reside em Goiânia e muitas vezes não foi intimado das decisões, algumas delas foram julgadas à revelia. E assim, a sua ex-mulher Léa, que vive empregada em São Paulo, tem renda boa, casa e companheiro empregado, ainda se viu contemplada por essa benesse da Justiça.

O devedor da Pensão, aqui no caso o Carlos, é autônomo, tem outra companheira que ainda não trabalha pois tem de cuidar do filho menor dessa nova união conjugal. Esse e o outro filho menor do casamento com a ex-mulher, (Lea) também dependem de

Carlos. Ou seja, não tem a mínima condição de pagar esta pensão, que em termos de hoje daria um valor de R$ 2.896,00 mensais, valor este que é o dobro do que o Carlos ganha mensalmente. Assim, fica claro que a Justiça aqui falhou. E como digo no título deste tema: a Pensão Alimentícia é uma faca de dois gumes...A "faca" aqui corta só para um lado. O lado mais fraco!

No presente caso, hora nenhuma a ex-mulher conseguiu provar a renda do Carlos, para que do valor o Juiz ou Juiza que decidiu o caso, pudesse calcular o valor da pensão. Simplesmente foi com base nas alegações dela e nos argumentos de seus advogados que determinou para ele a obrigação de pagar a pensão tal qual foi pedida, ou seja, 04 salários mínimos mensais, para ela, só para ela, a Lea.

A Justiça não levou em conta os argumentos do Carlos, sobre a impossibilidade de pagar tal valor. E junte-se a isto que os dois, **Calos e Léa se tornaram inimigos**, não mais conversam. Assim a possibilidade de acordo é mínima. Resta a ele tentar, via judicial, obter a exoneração da obrigação de pagar tal pensão, o que é difícil, pois o processo original tramita em São Paulo e tais questões não se resolvem via carta precatória. O Juiz daqui de Goiânia, da Vara de Precatórias já decidiu que não se pode discutir o assunto nesta Vara. **Cabe à Vara de Precatórias apenas intimar ou citar a pessoa e devolver o mandado com ou sem a intimação ou citação do Devedor, que neste caso é o Carlos.**

Sabemos **que há vários casos em que o Devedor não paga a Pensão Alimentícia porque não quer,** já que tem condições financeiras para tanto, **e outros em que a mulher é abandonada e ficar sozinha com a "carga" de criar três ou quatro filhos,** sem contar com a ajuda do ex-companheira, que a abandonou. Aqui a Justiça tem de ser dura com o devedor. Este não é o caso do Carlos. Ele não paga porque não pode pagar. Além disso, pela análise simples do caso em questão, com a situação atual da ex-mulher, ele não mais é obrigado a pagar tal pensão. Há decisões claras neste sentido entre estas as que constam **do Artigo 1708 Código Civil** e decisões Jurisprudenciais. O que atrapalha a situação do Executado ou devedor, nestes casos, é a demora da Justiça em decidir, em exonerá-lo dessa obrigação. E, enquanto esta demanda não acaba, com uma decisão ou acordo, em um processo como esse, a pessoa devedora vive em situação de desespero, à mercê de decisões oriundas de outra Comarca, que podem pedir sua prisão de novo, a qualquer momento. Uma tormenta que parece que nunca tem fim.

Sabemos que há casos em que a mulher realmente precisa desta pensão para sobreviver ou para criar os filhos. Mas não é este o caso da Lea. Junte-se a isto o fato de que ela "gosta" de perturbar o ex-marido, aqui chamado Carlos, que não tem sossego para dar continuidade à sua nova vida, com sua nova companheira e filho menor impúbere. Creio que ela sente prazer em tirar a tranquilidade do ex-marido...e tem conseguido.

Para os advogados e estudiosos do Direito indicamos ver os textos dos Artigos: 732 e 733 (Execução da Pensão Alimentícia) **e 852 ,853 e 854** (Direito aos Alimentos) do Código de Processo Civil. **Artigos 1.695, 1.699 do Código Civil** -(Direito de Pedir Alimentos) e **Artigo 1.708 do Código Civil** (Quando cessa o direito aos alimentos): Ver ainda **os art. 13 e 15 da Lei de Alimentos, ou seja, a Lei nº 5.478 de 25/07/1968.**

Post Scriptum: Por se tratar de um caso verídico, deixamos de citar nomes de Juízes, Promotores e dos filhos dos personagens. E trocamos os nomes dos personagens principais. Carlos e Lea existem mesmo, mas têm outros nomes.

XV- O JULGAMENTO DO CASO MÉRCIA NAKASHIMA: MUITOS DOUTORES ADVOGADOS E POUCO DIREITO...

Durante os últimos trinta anos sempre estive ligado, de uma forma ou de outra, aos meios forenses, seja atuando como advogado militante no Fórum de Goiânia, seja como assessor jurídico de empresas, o que, em suma, dá no mesmo. Cheguei a assistir alguns Julgamentos no Tribunal do Júri, como Estagiário de Direto e depois, por pura curiosidade, para ver, assistir, me inteirar do assunto, mas, como nunca gostei muito da área penal, foram poucos as Audiências Criminais que fiz.

Contudo, sempre que um caso de grande repercussão na imprensa me chama atenção, paro o que estou fazendo, assisto na Tv, pesquiso e vejo-o com mais interesse. Depois escrevo sobre o assunto, no meu Blog "Palácio de Letras" ou no Jornal "Chega, O Jornal" de Circulação dirigida, para o qual colaboro.

Como fiz com este caso do Julgamento do Policial Militar reformado **Mizael Bispo de Souza**, acusado de matar a sua colega de trabalho e advogada, a jovem de nome **Mércia Nakashima,** cujo Julgamento foi transmitido ao vivo pela TVs em todo o Brasil.

Na ocasião, semana de 11 a 14 de março de 2013, o MM. Juiz de Direito da Cidade e Comarca de Guarulhos, Estado de São Paulo, **DR. LEANDRO CANO**, liberou as imagens ao vivo do Julgamento, e de oitiva de testemunhas, debates entre os advogados, da fala do Dr. Promotor de Justiça, etc. para a TV. Conforme se noticiou na época, **este foi o Primeiro Julgamento de um caso de crime de competência do Tribunal do Júri transmitido ao vivo pela Televisão no Brasil.**

A história do crime já é conhecida de muitos. Mas, para aqueles que ainda não se inteiraram dos fatos, dou a minha versão resumida aqui, para conhecimento e apreciação de muitos Estudantes e Profissionais do Direito.

Em resumo o fato se deu da seguinte maneira: No dia 23 para 24 de maio de 2010 foi dada a notícia do desaparecimento e morte da Advogada de nome Mércia Nakashima, de 28 anos de idade, bonita e de origem japonesa, que trabalhava no Escritório de seu colega, também advogado, de nome Mizael Bispo de Souza, que embora ainda jovem, era um policial militar reformado. O Policial tinha sido reformado por causa de um acidente que sofrera na mão direita.

Segundo se noticiou na imprensa, e isto foi confirmado pela mãe e irmãos da advogada morta, o Advogado e Policial Reformado **Mizael era, além de colega de Escritório, namorado da Mércia**. Namoro este que ela insistia em terminar, mas que ele reagia com agressividade quando ela tocava (falava) no assunto.

Depois que o corpo da Mércia foi encontrado dentro de seu carro abandonado numa represa da periferia de Nazaré Paulista, nos arredores da Capital de São Paulo, toda a estória veio à tona. **Mizael tinha matado a ex-colega e ex-namorada Mércia com crueldade na noite de 23 de maio de 2010.** Ele, inicialmente negou tudo. Chegou a ser preso e depois foi solto. Se escondeu por um tempo, mas depois que lhe **foi decretada a Prisão Preventiva pelo MM.** Juiz de Guarulhos, ele se entregou. Obviamente que, advogado que era, conhecia os meandros da Lei, e sabia que um dia seria encontrado, inclusive porque sempre tinha que ir ao banco receber sua aposentadoria, visitar sua mãe etc. E era conhecido na região de Guarulhos, onde morava, tinha escritório etc.

Durante o Inquérito Policial e na Instrução Criminal, negou tudo. Inclusive **arrumou um "álibi"** para dizer que no dia e noite do crime ele estaria com uma prostituta, que, contudo, nunca se soube o nome dela e nunca apareceu, nem no Inquérito, na Delegacia de Polícia, nem no Fórum para dar sua versão e "confirmar" esta sua mentira. Para mim isto é **estratégia de advogados Criminalistas, mas que nem sempre dão certo.**

Depois que essa sua estória da prostituta não deu certo, criou um outro álibi, e diante do Juiz disse que naquela noite em que disseram que ele matara a Mércia, ele informou que havia ido ao cinema com ela e que depois a teria deixado em casa, por volta das 2:30 da **madrugada do dia 24/05/2010**. O que se provou depois que era mentira também.

Ou seja, se confirmou aqui mais uma vez o que nos ensinou o Mestre Filósofo **PLATÃO**, da Grécia antiga, que já no século III antes de Cristo nos dizia: "**NENHUM HOMEM POSSUI MEMÓRIA SUFICIENTEMENTE BOA PARA SER UM MENTIROSO BEM SUCEDIDO**".

Mentiras à parte, fiquei um pouco desapontado ao ver e ouvir os Debates entre os Advogados e o Dr. Promotor de Justiça do caso. Muitos ataques pessoais, e pouco Direito. Os advogados que defendiam o Mizael, alguns fanfarrões, queriam demonstrar conhecimentos que não tinham. Outros, querendo aparecer, faziam referências e elogios a eles mesmos, do tipo: "Eu sou o bom ", ou frase tais como "Eu sou apenas o máximo", como dizia aquele personagem do falecido ator-comediante Chico Anísio, o "Alberto Roberto" ...

O que mais me espantou neste caso é que, embora todos estes advogados e Promotores sejam considerados Doutores em Direito, na hora dos "debates orais" num Julgamento do Tribunal do Júri, como este em que eles estão ao vivo na TV, partem para a baixaria, com acusações de todo tipo, atingindo, às vezes, até a honra pessoal de um e de outro. E chegam, também, a atacar a honra de quem já morreu, como se os atos e atitudes do(a)falecido(a) dessem direito ao acusado de lhe tirar a vida. No caso da vítima, a advogada jovem Mércia Nakashima, que tinha conduta ilibada, nada tinha a dizer, pois ela não havia traído ninguém, nem mesmo o Mizael. Ela apenas não mais queria continuar com o relacionamento amoroso com ele.

Infelizmente muitos homens ainda agem assim: Ao se verem "dispensados" pelas mulheres com quem namoram ou vivem, eles querem eliminá-las. Como se quisessem com tal ato dizer: **"Se não vai mais ser minha, não será mais de ninguém"**. Um machismo revoltante que ainda perdura em nossos dias.

Tais argumentos também foram aventados pelos advogados no caso do Goleiro Bruno, do Flamengo, que participou da "trama" para matar a sua ex-namorada e mãe de um filho seu, a Elisa Samúdio, um outro caso que teve muita repercussão na TV.

Veremos adiante minha visão sobre este caso do Goleiro Bruno, embora resumidamente, também neste compêndio.

Os advogados criminalistas, a meu ver, deveriam explorar mais as brechas nas Leis, ou as falhas que porventura encontrarem quando do Inquérito Policial, para se valer de atenuantes ou mesmo virem a absolver seus clientes. Ao contrário, insistem na baixaria de acusações recíprocas, inclusive ao ponto de acusarem até a conduta de um Juiz ou de uma Juíza, como ocorreu no tal caso do goleiro Bruno, julgado em Minas Gerais.

Eles poderiam, por exemplo, explorarem mais outros casos análogos, onde se citou e se formou Jurisprudência, após exaustivos recursos para os Tribunais. Ao contrário, ficam a fazer ataques verbais até mesmo às testemunhas, como fizeram até com um irmão da Mércia. E atacam as vítimas já mortas, e a conduta delas, como se elas dessem causa à sua morte como aconteceu com a Eliza Samúdio, cuja vida foi devidamente "manchada" pelos advogados de defesa do Bruno. Muitos destes causídicos, usando tais argumentos, manchando a honra da vítima, pensam que irão livrar seus clientes da pena, como se eles tivessem o direito de matar, porque as mulheres agiram mal. Também neste caso, os argumentos dos doutores advogados criminalistas não deram certo. Ambos os autores dos crimes citados foram condenados.

Vejo que, em casos de grande repercussão, crimes mostrados na TV e que causam grande impacto na sociedade, aparecem advogados de todos os lados, inclusive uns que se autointitulam defensores de um acusado, sem nem ter uma procuração dele. Fazem isto por causa da promoção, das luzes que lhe clareia os rostos e dão publicidade na TV, nas revistas, no rádio e nos jornais.

Eles se utilizam muito pouco do verdadeiro Direito e da Ética que deveria haver nas suas condutas profissionais, e gritam, esbravejam, falam bobagens diante dos jurados ou da TV, pois lhes faltam conhecimentos. Assim, alguns destes julgamentos ficam parecendo cenas destas novelas brasileiras, ou de alguns filmes, onde o Advogado é um ator, e fala com grande eloquência, apenas para convencer os jurados, que muitas das vezes são leigos. Parecem políticos falando num palanque...

Encerrando, devo dizer que após um longo julgamento que durou mais de três dias, **o advogado e policial reformado Mizael Bispo de Souza foi condenado a 20 anos de prisão,** inicialmente a ser cumprida a pena em regime fechado, pela morte da sua ex-colega e ex-namorada Mércia Nakashima, pois ficou provado que realmente foi ele que a matou e que a deixou no veículo que foi encontrado com o corpo dela, na represa em Nazaré Paulista, naquele dia e noite de 23 para 24 de maio de 2010. **O Julgamento** acabou à tardinha do **dia 14 de março de 2013,** quinta-feira quando o MM. Juiz, Dr. Leandro Cano leu, **ao vivo e pela TV, a sentença condenatória de Mizael Bispo de Souza.**

Repito: ele foi condenado a 20 anos de prisão, pela morte de Mércia Nakashima. Mas, até data da publicação deste livro, não havia perdido a sua aposentadoria como PM reformado, por causa de um dedo mutilado, quando ainda exercia a sua profissão de Policial Militar.

XVI- O CASO DOS IRMÃOS NAVES: A MAIOR INJUSTIÇA BRASILEIRA.

Esta história de uma grande Injustiça Brasileira teve tanta repercussão nacional que se transformou em um bom filme, que atravessou décadas e até hoje é visto e discutido por estudantes e professores de Direito.

O Caso dos Irmãos Naves, teve início em 1937, portanto há quase 80 anos, e foi um dos maiores erros do Judiciário Brasileiro, e até nos nossos dias é estudado, pesquisado e discutido por quem se interessa em aprofundar mais os seus conhecimentos jurídicos.

A história em resumo é a seguinte: dois irmãos, de origem bem simples que nasceram e residiam na região e Município de Araguari, Estado de Minas Gerais, são os principais personagens desta história triste e singular, que maculou a Justiça Brasileira na década de 30, cujo desfecho processual só terminaria no início dos anos 60 do Século XX. Na época deste fato, **SEBASTIÃO JOSÉ NAVES** estava com trinta e dois (32) anos de idade; enquanto seu irmão **JOAQUIM ROSA NAVES** tinha vinte e cinco anos de idade. Os dois trabalhavam na lavoura e comercializavam cereais por toda a região. E eram ainda sócios, em um Caminhão Ford, (V-8) de um primo deles de nome **BENEDITO PEREIRA CAETANO**. Neste veículo, transportavam as mercadorias que vendiam. No Filme que conta esta história, se diz que era sócio no caminhão só com o Joaquim, na casa de quem ele morava. Estes personagens reais, na região em que moravam eram também chamados por apelidos. Sebastião era conhecido por "Bastião" e Joaquim conhecido e chamado sempre de "Quincas". Também alguns chamavam o

Benedito Caetano, de Benedito Goiano, e eu não sei aqui dizer por quê. Será que ele tinha suas origens em Goiás?

Tudo começou de verdade quando o primo e sócio dos Irmãos Naves, o Benedito Pereira Caetano, vendeu umas mercadorias (sacas de arroz) e recebeu um cheque de Noventa Mil Cruzeiros (ou 90 Contos de Réis, como se dizia, e que era o dinheiro da época). Nessa venda, segundo se soube depois, ele teve prejuízo, pois comprara a mercadoria por valor bem superior (136 Mil Cruzeiros, ou 136 Contos de Réis). Mas o preço de mercado havia despencado, e ele teve um prejuízo de 46 Mil. (ou 46 Contos de Réis). Pouco tempo após ter recebido este cheque de Noventa Mil Cruzeiros (Noventa Contos de Réis) ele resolve ir até o Banco para sacar o valor total. Dois dias depois desse fato, desapareceu da cidade. Sabedores desta situação, os Irmãos Naves procuram pelo primo que estava antes, de sumir, hospedado na casa de um deles (Joaquim). Procuraram, inclusive, porque parte daquele valor recebido por ele era também dos Irmãos Naves, já que eram sócios. E nesta busca vão de encontro a uma mulher, de nome **FLORIZA**, que era amante do Benedito. E procuram também falar com o fornecedor da tal mercadoria vendida e com o comprador dela. Não encontram o Benedito nem sabem novidades sobre seu paradeiro. Depois ficam sabendo que na madrugada de 29 para 30 de novembro de 1937, logo após ter pegado o dinheiro no Banco, ele sumiu da cidade, sem avisar a ninguém. Ele levava consigo os 90 Contos de Reis, cujo valor não pertencia só a ele. Mais uns dois dias depois os Irmãos Naves procuram a Polícia, e relatam ao Delegado, de nome **ISMAEL DO NASCIMENTO** os últimos fatos que sabiam sobre este desaparecimento do primo.

A Polícia, fazendo o trabalho dela de investigação, fez buscas em toda a Região e Município de Araguari, Estado de Minas Gerais. E foram também na Fazenda dos pais de Benedito, na Região de Nova Ponte, Minas Gerais, mas ele também não foi encontrado lá. Nem lá nem em lugar algum. Ressalte-se que naquele tempo (1937) não havia os meios de comunicação que há hoje em dia. Contavam só com o telefone fixo, rádios comunicadores e alguns rádios amadores. Às vezes, notícias de alguns jornais, ou de quem "ouviu falar". As tais "testemunha por ouvir dizer" ...

O Inquérito Policial foi instaurado, e foram ouvidos inicialmente os Irmãos Naves, a amante do Benedito, chamada Floriza, e o comprador da mercadoria, o homem que emitiu o cheque de R$ 90.000 cruzeiros, (Ou Noventa Contos de Reis) cujo nome era José Lemos. Outros dois amigos do desparecido Benedito, também foram ouvidos, como testemunhas. Entre outras coisas estas pessoas contam ao Delegado que passaram os últimos momentos com o Benedito no dia da Inauguração de uma Ponte, entre Araguari (Minas Gerais) e o Estado de Goiás. O Joaquim Naves conta ao Delegado que após a festa de confraternização, jantaram em casa e o primo Benedito resolveu ir até o Parque de Diversões, que estava instalado na Cidade. E com ele estava toda a importância em dinheiro da qual era portador. A amante do Benedito, a Floriza, contou no inquérito que naquela noite da festa de inauguração da ponte, havia ido com o Bendito até um cabaré e dançado com ele até a madrugada, mas não haviam dormido juntos, ou seja, não haviam passado toda a noite juntos.

Como este caso tomou proporções na região e a notícia se espalhou em jornais de Uberlândia e Araguari, a população começou a cobrar agilidade do Delegado. Como a Polícia não tinha pistas do paradeiro de Benedito, a população começou a pressioná-lo. Os jornais, e algumas emissoras de rádio davam destaque aos fatos. Naquele tempo ainda não havia Emissoras de Televisão no Brasil. Esta só veio a existir por aqui a partir de 1950, em São Paulo.

Esta era a época do "Estado Novo" no Brasil. Getúlio Vargas era um Presidente, meio ditador. E com toda a notoriedade do caso, o Delegado da Polícia Civil que investigava o caso, foi afastado e nomearam um Delegado Militar. O nome deste novo Delegado era o Tenente **FRANCSICO VIEIRA DOS SANTOS**, que chamavam de "**Chico Vieira**" e que veio de Belo Horizonte especialmente para investigar o caso. Sua atuação daria uma transformação nas investigações deste episódio. Logo de imediato, após assumir o Cargo, intimou novas testemunhas. Uma das testemunhas novas arroladas foi o Sr. José Prontidão, que afirmou em seu depoimento ter visto e trabalhado com o Benedito Caetano (o sumido), em Uberlândia, MG. O José Prontidão morava em Uberlândia, MG. Isto, segundo ele, ocorrera dias depois do Benedito ter sido dado como desaparecido.

A Senhora Dona **ANA ROSA NAVES** que além dos Irmãos Joaquim e Sebastião tivera outros doze (12) filhos, era viúva, e tinha na época, tinha 66 anos de idade. Era conhecida por **DON'ANA**. Ela também foi ouvida por este novo Delegado Militar e confirmou a versão dada pela testemunha José Prontidão. Foram ouvidas também as esposas dos Irmãos Naves. Primeiro a Sra. **SALVINA**, esposa de Sebastião Naves. E depois a Sra. **ANTÔNIA RITA** que era esposa do Joaquim Naves. Elas disseram que na noite do desaparecimento do Benedito, os seus maridos estavam em suas respectivas casas. Contudo, uma outra testemunha que foi ouvida no Inquérito, (amigo de Benedito), de nome **ORCALINO DA COSTA**, informou e sugeriu que os responsáveis pelo desaparecimento de Benedito tinham sido os Irmãos Naves. E o Delegado-Militar, o Tenente Francisco Viera dos Santos, preferiu seguir essa "linha" de investigação.

Com isto, logo em seguida os Irmãos Joaquim e Sebastião Naves foram presos. Primeiro foi o Joaquim, depois o Sebastião. Assim como também foi presa a testemunha de nome José Prontidão, como se tivesse prestado um "falso testemunho". Na cadeia eles sofreram muitas agressões, passaram fome e sede. A Testemunha José Prontidão não aguenta os maus tratos e torturas e muda seu depoimento. Diz que os Irmãos Naves mandaram-no dizer aquelas coisas do primeiro depoimento (... "que tinha visto o Benedito e trabalhado com ele em Uberlândia –MG "...). E afirmou que fizera isto em troca de uma gratificação posterior. Provavelmente em dinheiro...

Com este depoimento do José Prontidão, o Delegado conseguira, na opinião dele, a Acusação que lhe permitiria indiciar os Irmãos Naves como os prováveis assassinos de Benedito Pereira Caetano. Mas esperava a **Confissão** formal de Joaquim e Sebastião Naves.

É bom lembrar aqui que por este tempo no Brasil, e ainda durante muitos anos, era comum os policiais conseguirem depoimentos e confissões de crimes à base de torturas, ameaças, agressões e maus tratos aos presos, deixando-os sem comer e sem beber, por muitos dias. Assim a pessoa, enfraquecida, confessava um crime. Ainda tem uns Delegados e Policiais por aí que agem assim, mas os procedimentos têm melhorado muito, com provas científicas, documentos e gravações de imagens...

E naquela ocasião, após o depoimento do José Prontidão, os Irmãos Naves continuaram presos no porão da Delegacia. Ficaram nus, sem receber alimentos ou água, e apanhando muito. Mas não disseram nada. Ou seja não confessaram o Crime. Achando pouco, os policiais, a mando do tal Tenente/Delegado, prenderam Dona ANA ROSA NAVES, mãe dos irmãos Joaquim e Sebastião. Queriam forçar os irmãos a confessar o crime. E fizeram ainda mais: tiraram a roupa de Dona Ana Rosa Naves e mandaram os Irmãos Naves baterem nela. O que eles se recusaram a fazer. Depois disso, todos foram torturados. Segundo se informou à época e segundo a Dona Ana Rosa disse em Juízo, ela foi seviciada e estuprada na Delegacia, por Policiais, a mando do Tenente Delegado.

Alguns dias depois dessa "sessão" de tortura, maus tratos e estupro, soltaram a Dona Ana Rosa, que era conhecida por **Donana**, mãe dos Irmãos Naves. Ela ficou em liberdade "vigiada". Solta, ela procura um advogado Criminalista. É então que entra nesta história o **Dr. JOÃO ALAMI FILHO**. Ele já tinha sido procurado pela Dona Ana Rosa, para defender os filhos dela. Porém se negara a atuar no caso como defensor, pois acreditava serem eles realmente culpados. Mas agora, sabedor de todas as torturas e do sofrimento daquela mulher, que era conhecida da sua esposa, ele resolve defender os Irmãos Naves.

Sua primeira atitude como advogado dos Irmãos Naves foi Impetrar um "**HABEAS CORPUS**". O primeiro deles em princípio de janeiro de 1938. Depois impetrou outro Habeas Corpus, este na Comarca de Uberlândia, onde o Juiz de lá respondia por Araguari, Comarca que estava sem Juiz. Neste pedido o causídico relata que a prisão dos Irmãos tinha sido ilegal, e que esta prisão e torturas tinha a finalidade de obrigá-los a confessar a suposta autoria ou responsabilidade pelo crime do desaparecimento do Benedito Pereira Caetano.

Outras testemunhas foram ouvidas. Entre elas Guilherme Malta Sobrinho, que afirmou ter visto o caminhão de Joaquim Naves na madrugada em que ele sumiu. E afirmou ainda que acreditava terem sidos os Irmãos Naves os responsáveis pelo desaparecimento do primo e sócio deles, o Benedito. Enquanto isto, os Irmãos Naves Continuavam presos. Segundo o advogado e defensor deles, Dr. João Alami Filho, conta em seu livro "O **CASO DOS IRMÃOS NAVES-UM ERRO JUDICIÁRIO**", publicado pela Editora Del Rey em Belo Horizonte, Minas Gerais: "dia a dia os policiais levavam os presos para bem longe, para o mato. Nos cerradões das chapadas.... Lá, onde ninguém via, batiam neles, após despi-los. Botavam eles de cabeça para baixo, pés para cima, amarrados em árvores...Pernas abertas. Untados em mel, expostos às formigas, aos insetos e marimbondos, com o sol quente... De noite, a cadeia, amarrados, amordaçados, com sede, fome..."

Contudo, a única técnica de tortura que daria certo estava por vir. Separaram os irmãos de cela. Colocando-os distantes. Forjam o assassinato de Sebastião Naves e Joaquim, apavorado, não resistiu à dor e ao medo e resolveu "confessar" o crime que não cometera. E no dia 12 de janeiro de 1938, diz ele em seu depoimento:

"Que ele e seu irmão Sebastião haviam convidado Benedito para irem dar um passeio na cidade de Uberlândia (MG), e no meio do caminho decidiram tomar água na margem do rio. Neste momento, Sebastião agarrou Benedito pelas costas e ele, Joaquim, introduziu uma corda no pescoço do

primo, apertando-a. Deste modo, o primo desfaleceu. E eles acharam um "pano" amarrado à cintura (ligado, ou costurado à cueca) do Benedito, contendo a importância de 90 Contos de Réis" ...

E continuou ele em seu depoimento de medo e dor:

"Que colocaram o dinheiro numa lata de soda (?)...Em seguida atiraram o cadáver do Benedito na cachoeira do Rio das Velhas. No caminho de volta para Araguari, escolheram uma moita de capim-gordura, entre duas árvores, e esconderam o dinheiro. A última parte do plano era procurar o Benedito, como se ele estivesse apenas sumido, para que não se tornassem suspeitos do crime."

Após isto o Delegado-Tenente levou Joaquim para que pudesse reconstituir "in loco" o crime, baseado no seu depoimento e "confissão". E aconteceu a Busca e Apreensão do dinheiro, que resultou negativa, já que não foram encontrados nem o pano que envolvia o tal dinheiro, e não acharam a lata de soda, onde o Joaquim disse ter posto o dinheiro e enterrado naquele local citado por ele...

Como achar coisas em lugares inventados, com bases em mentiras? Afinal todo aquele depoimento do Joaquim tinha sido "criado" apenas com o objetivo de parar de sofrer, de apanhar...

Joaquim confessara um crime que não cometera...Nem ele nem seu irmão Sebastião haviam feito o que disse ele terem feito. E pior, não acharam o corpo, o cadáver do Benedito, mesmo após muitas buscas... Assim, nessa ocasião, tal acusação contra os mesmos, não teria um Corpo de Delito, direto ou indireto. E a acusação se baseou apenas na "**confissão**". As provas eram fracas demais, porém mesmo assim, os Irmãos continuaram presos. Obviamente que veio à tona a história de que o Sebastião não tinha sido assassinado. E o Joaquim viu seu irmão vivo e preso, de novo, junto com ele. Após isto as autoridades Policiais tentaram dar aos Irmãos um outro advogado para que lhes defendesse. Eles não aceitaram e mantiveram o Dr. João Alami Filho como defensor deles. Em seguida prendem de novo Dona Ana Rosa Naves, mãe dos Irmãos Naves. Esta se recusou a assinar o depoimento. Em 13 de janeiro de 1938, quando o Advogado João Alami impetrou o primeiro **Habeas Corpus**, discute com o Juiz de Araguari, e diz textualmente:

A Justiça não tem que se haver com opiniões, mas com os fatos e com a Lei. E a lei está sendo desrespeitada e isto é mais uma violência ".

Neste processo tumultuado, após a Denúncia do Ministério Público, já na fase de Instrução em Juízo, aconteceu um fato novo: o pai do Benedito Caetano nomeia um Advogado para funcionar como Assistente de Acusação (Trabalhar junto com o Promotor, para segundo ele, obter Justiça). Para o delegado- militar, em seu relatório final, os Irmãos Naves haviam assassinado o sócio e primo Benedito para poder ficar com os 90 Contos de Reis só para eles, e com tal valor pagarem umas dívidas que tinham no comércio.

Na Denúncia, Dona Ana Rosa também foi acusada como cúmplice do "latrocínio". Assim, os Irmãos Naves e sua mãe, Dona Ana Rosa Naves ficam presos durante toda a Instrução Processual. E neste tempo as esposas dos dois e até os filhos menores do Sebastião foram presos, privados de alimentação e agasalho, sendo que o menor deles faleceu nesse meio tempo. **O 2º HABEAS CORPUS**, o que foi Impetrado e concedido pelo MM. Juiz da Comarca de Uberlândia, e aceito pelo novo Juiz que tomou posse em Araguari, não foi cumprido pelo Delegado Militar, pois este alegou que precisava dos réus presos "para outras averiguações". Enfim, a tal ordem de soltura dos Réus dada pelo MM. Juiz novato em Araguari, não foi cumprida.

Seria mais ou menos assim o meu entendimento sobre mais este episódio desta Barbárie Jurídica: **"VOCÊS TÊM RAZÃO, EM PEDIR A SOLTURA E CONSEGUIR A LIBERDADE, VIA HABEAS CORPUS, MAS FICAM PRESOS ASSIM MESMO"** ...

Em seguida, veio **a DECISÃO de Pronúncia dos Réus**, para serem Julgados apelo Tribunal do Júri. Isto ocorreu em 21 de março de 1938. Nesta Decisão de Pronúncia o MM. Juiz apontou:

"O crime de que se ocupa esse processo é da espécie daqueles que exigem do **julgador inteligência aguda**, atenção permanente, cuidado extraordinário no exame das provas, pois no Juízo Penal, **onde estão em perigo a honra e liberdade alheias**, deve o julgador preocupar-se com **a possibilidade de um tremendo erro judiciário**".

Continua o Magistrado em sua Sentença de Pronúncia:

"No caso em apreço, em que o cadáver não apareceu, como não apareceu também o dinheiro furtado, a prova gira quase que exclusivamente, em **torno das confissões prestadas pelos indiciados** à Autoridade Policial, sendo de notar que o patrono dos acusados, nas Razões de fls. 143, informa ao Juiz que **tais confissões foram extorquidas e são produto da**

truculência, dos maus tratos e da desumanidade de que fez uso e abuso o Delegado nas Investigações Primárias do delito" (grifo nosso).

Apesar da exposição feita pelo MM. Juiz, nos termos acima, ele **entendeu que era procedente** a Denúncia feita pelo Promotor de Justiça, em relação aos Irmãos Naves, **entendendo ser a mesma improcedente somente em relação à Sra. Dona Ana Rosa Naves**, pois sua cumplicidade deu-se após o fato.

Os réus Sebastião Naves e Joaquim Naves recorreram dessa Decisão de Pronúncia, através do advogado. O Recurso "subiu" para o Tribunal de Apelação do Estado de Minas Gerais, com sede em Belo Horizonte, mas o Tribunal negou provimento a este recurso. Por conseguinte, foi mantida a decisão do MM. Juiz do caso, e os Réus foram levados a julgamento pelo Tribunal do Júri de Araguari-MG. Isto ocorreu em junho de 1938. No dia do Julgamento, interrogando os réus, o MM. Juiz, de nome **MEROLINO RAIMUNDO DE LIMA CORRÊA** pergunta a Sebastião Naves o que ele pode alegar em sua defesa. Ao que lhe responde Sebastião Naves:

"o que eu assinei e consta no processo eu fiz por medo e devido aos maus tratos recebidos da Polícia; que me fizeram tomar purgante de 15 em 15 minutos, sentado sobre tachinhas: e que fui amarrado e até falar mentiras, embora resistindo por 38 dias; que apanhou tanto que ficou com o rosto coberto de sangue, sofrendo injustiças e suplícios; que esse suplícios alcançaram sua própria mãe, a qual nua, foi seviciada na Polícia, que jura sua inocência, em nome de Deus e de seus filhos".

Em seguida o MM. Juiz interroga o outro Réu, Joaquim Naves. Então este lhe responde:

"Que, não deve o crime que lhe é imputado; que, se falou na Polícia o que consta dos Autos, foi a poder de pancadas; que, se confirmou o que havia dito à Polícia no interrogatório feito pelo Juiz do Sumário (instrução criminal), foi devido a insinuação da própria Polícia, que lhe fez ameaças extremas, caso não confirmasse; que, tem sido bastante judiado na Polícia e pede intervenção do MM. Juiz para que cessem os maus tratos infligidos "

Neste primeiro Júri, após debates orais entre advogado e promotor e após a decisão dos Jurados, que votaram os quesitos, o Tribunal do Júri (sete Jurados), **que deveriam ser soberanos** nestes casos, NEGOU A AUTORIA dos fatos aos acusados, **absolvendo-os** por **SEIS VOTOS A UM (6 X 1)**. Contudo, tendo em vista o Recurso de Apelação por parte do Promotor de Justiça **(apelação por um novo julgamento)**, os Réus permaneceram presos. Segundo o Promotor de Justiça ele propôs o Recurso tendo em vista que a **Decisão dos Jurados não tinha sido unânime** (7 X 0). Aceito o Recurso de Apelação pelo Tribunal de Apelação, eles deveriam ir a novo Julgamento pelo Tribunal do Júri Popular. Ressalte-se que até hoje estes tipos de Julgamento de Crimes de Homicídios Dolosos contra a vida, funcionam praticamente da mesma forma, com poucas modificações. **Atualmente o Tribunal do Júri é soberano** e raramente ocorrer um novo Júri, por nulidade do primeiro. E pela leia atual, não mais se pode recorrer por novo Juri por causa do montante da pena...

Assim sendo, em março de 1939 acontece o segundo Julgamento dos Irmãos Naves pelo Tribunal do Júri Popular do Fórum de Araguari MG. **Neste Júri, Joaquim Naves foi absolvido por Cinco votos a dois (5X2), e o Sebastião Naves foi absolvido por Seis votos a 1(6X1).** Contudo o Ministério Público, via Dr. Promotor de Justiça, Recorreu de novo. E o fez com a mesma alegação: **Falta de unanimidade da decisão dos Jurados.** Assim, em 04 de julho de 1939, A Câmara Criminal do Tribunal de Apelação de Minas Gerais **dá provimento a este novo recurso** do Promotor e **cassa a decisão do Júri.** Em novo julgamento, agora apenas pelo Tribunal de Apelação, hoje chamando de Tribunal de Justiça apesar do resultado do Júri, **os Irmãos Naves são condenados** a cumprir penas de 25 anos e seis meses de Prisão, além de **pagar uma multa sobre o valor roubado.** Nós sabemos que eles nada roubaram....

Devemos nos lembrar que **essa unanimidade era exigida pela lei implantada por causa da Legislação do Estado Novo,** que começara em 1937. Portanto, antes dos Códigos Penais e Processo Penal agora vigente no Brasil.

Nessa época não tinha estes "Institutos" de Prisão Semi - Aberta, ou regime de prisão aberta, como ocorre atualmente. A pena era cumprida em regime fechado mesmo. Obviamente que um ou outro condenado poderia sair antes por bom comportamento, ter a liberdade condicional, após certo tempo de cumprimento da pena, ou por trabalhos realizados na Prisão etc.

Devemos salientar que, naquela época, diante de um regime de exceção e **porque a Constituição de 1937(Estado Novo) tinha alterado a soberania do Júri Popular,** o **Tribunal de**

Justiça (ou de Apelação) **podia alterar o resultado de uma decisão dos Jurados**, como ocorreu. Não houve um terceiro julgamento pelo Tribunal do Júri...

A defesa, por intermédio do Advogado Dr. João Alami Filho, **pede Revisão Criminal em 1940**. Mas esta é negada. Porém, através desta mesma Revisão, que continha outros pedidos, tal como redução da pena dos Réus, **a pena imposta a eles diminui de 25 anos e seis meses para 16 anos e seis meses.**

Em 1942, através do advogado, os Réus pedem **Indulto** ao Presidente Getúlio Vargas, **mas não são atendidos**. Somente em 1946, após 08 anos e três meses de prisão, conseguem o "Livramento Condicional" ou liberdade condicional. Depois disso, Joaquim Naves sofre de uma doença grave, causada por todos os sofrimentos que passou na prisão, e vem a falecer em 1948, em um asilo da cidade. Caberia agora ao Sebastião Naves provar a sua inocência e a do irmão falecido. Neste mesmo ano morreu o tenente delegado "**Chico Vieira**", de derrame cerebral. Foi Anselmo Duarte que fez o seu papel no filme que citaremos adiante.

Em 24 de julho de 1952 o caso teve uma reviravolta: BENEDITO PEREIRA CAETANO reaparece vivo na fazenda de seus pais, na região de Nova Ponte –MG. Ele foi visto por José Prontidão, **que avisa sobre sua "Ressurreição"** ao Sebastião, que acompanhado de alguns Policiais, e de um Repórter do Jornal DIÁRIO DE MINAS, dirigem-se à fazenda para **reencontrar o primo que havia desaparecido, e era tido como morto durante todos aqueles anos (de 1937 a 1952).** Em princípio o primo Benedito fica temeroso. Afinal ele tinha sumido com os 90 mil Cruzeiros ou 90 Contos de Réis, cujo valor deveria ter sido dividido pelos três. E afirma a todos que durante todo este tempo, trabalhando em uma fazenda perto de Uberlândia, **não soubera de nada** do que tinha acontecido aos Primos. Zé Prontidão, que o achara na fazenda em Nova Ponte, também era primo dos Irmão Naves e obviamente do Benedito Caetano.

De todo este tempo sumido, ficou a dúvida se o Benedito Caetano estava em Minas Gerais ou se tinha fugido para São Paulo, ou para outra fazenda em outra região, mesmo em Minas Gerais. De qualquer forma, no seu íntimo ele sabia que tinha enganado os seus sócios e primos Irmãos Naves, ao fugir com o dinheiro. E porque devia dinheiro aos pais e a outras pessoas. Não convence a estória de que ficara 15 anos trabalhando em uma fazenda no Município de Uberlândia e não sabia de nada...Afinal, a notícia de que seus primos estavam presos pela morte dele, saíra nos jornais, ouvia-se no rádio, e as pessoas comentavam. Mesmo naquele tempo, este tipo de notícia se "espalhava" fácil...

Passado o temor inicial em ver o Sebastião vivo, eles se abraçam e Sebastião lhe diz:

"Graças a Deus te encontrei vivo, para provar minha inocência.... Ninguém quer te matar, vem para a cidade, para o povo ver que você está vivo e que eu sou inocente ".

Benedito volta para Araguari onde foi quase linchado, por causa de ter sido **acusado de "apropriação indébita".** Afinal ele tinha recebido 90 Contos de Reis, cujo valor deveria ter sido dividido em três partes com os Irmãos Naves. **Por causa disso Benedito ficou detido por 09 dias, mas já havia decorrido o prazo prescricional para esse tipo de delito** e ele foi solto. Misteriosamente, quando ia prestar depoimentos no processo, em

Araguari, o avião que levava Benedito e sua família caiu e todos morreram, menos o Benedito. Coisas do destino. Talvez porque ele tinha mesmo de ficar vivo para poder "liberar" os Irmãos Naves. **Em 1953 os Irmãos Naves foram definitivamente considerados inocentes**, embora o Joaquim já tivesse falecido em 1948.

Após o reaparecimento do Benedito Pereira Caetano, o suposto Réu Sebastião Naves e a viúva do Joaquim Naves pleitearam, via do advogado Dr. João Alami Filho a **Revisão Criminal cumulada com um Pedido de Indenização contra o Estado**. Esta é deferida a eles em 1953, mas **somente em 1962 eles conseguem receber tal valor**, após toda a burocracia da Justiça, e os Recursos Judiciais promovidos pelo Estado. **Segundo os jornais da época a Indenização paga ao Sebastião Naves e à viúva do Joaquim Naves foi de Vinte e Três (23) Milhões de cruzeiros. Tal valor foi pago pelo Governo do Estado de Minas Gerais, responsabilizado que foi pelos erros do Judiciário, praticados pelos seus funcionários, tanto da Polícia Civil e Militar quanto da Justiça.**

É preciso que ressaltemos aqui que, por volta do ano de 1937 até 1945, o Brasil viveu uma espécie de **Governo Ditatorial**, com o tal de **Estado Novo e permanência do Getúlio Vargas no comando por 08 anos seguidos. Nos Livros sobre Constituições do Brasil e de História este período é chamado de "A ERA VARGAS". Neste período, os cidadãos tinham, assim, seus direitos civis e garantias individuais limitados.** Essa subversão à ordem democrática e jurídica, fez com que acontecessem muitas injustiças e deu ensejo a este **"Caso dos Irmãos Naves"**, que é considerado, até hoje, como o **maior Erro Judiciário Brasileiro.**

Note-se aqui que neste caso, os Juízes e Promotores, quando do Julgamento inicial, e até os Desembargadores do Tribunal de Apelação do Estado de Minas Gerais, **consideraram a "Confissão" como a rainha das provas**. Hoje em dia, mesmo que alguém confesse um crime, se não houver um corpo e outras provas, ele não será condenado. Exceção foi o caso da Eliza Samúdio, morta pela "turma" do Goleiro Bruno, do Flamengo. O corpo dela até hoje não apareceu, mas diante de provas contundentes, e não da confissão dos Réus, estes foram condenados.

Para complementar e ilustrar ainda mais este caso verdadeiro, após terminado todo o processo, o Advogado dos Réus, o Dr. João Alami Filho escreveu um Livro, cujo Título é **"O CASO DOS IRMÃOS NAVES –UM ERRO JUDICIÁRIO "**, publicado em várias edições desde então. Em 1967, foi lançado um filme brasileiro contando esta história, cujo roteiro foi baseado neste livro do Advogado e defensor dos Irmãos Naves, e que foi adaptado na época pelo Diretor do filme Luís Sergio Person e pelo roteirista Jean Claude Bernadet. O filme se chama **O CASO DOS IRMÃOS NAVES.**

Este filme foi assistido por milhares de brasileiros em várias épocas. No filme o Ator famoso e conhecido JUCA DE OLIVEIRA faz o papel do Sebastião Naves e o Ator também famoso Raul Cortez, já falecido, fez o papel do Joaquim Naves. Aparecem ainda John Herbert (faz o papel do Advogado João Alami Filho) e Anselmo Duarte, que personificou o truculento Delegado **"Chico Vieira"**. Distribuição do Filme: MC FILMES DISTRIBUIDORA.

Recomendo aos Professores e Estudantes de Direito, Advogados e Promotores e até mesmo aos Juízes, que ainda não leram o livro do Dr. João Alami Filho, que o façam. E se possível vejam o Filme sobre o assunto. Só que este é bem resumido. O Filme que se encontra no YouTube tem qualidade duvidosa, e falhas, pois é uma cópia em preto e branco já corroída pelo tempo.

Conclusão: Este foi um triste episódio de nossa Justiça, onde **pessoas foram condenadas e ficaram presas por causa de um crime que não cometeram.** Ou seja, um **homicídio sem cadáver, um roubo ou furto sem dinheiro,** aliado à triste e sombria figura de um delegado militar, truculento, agindo fora da lei, mandando torturar, e chegando até a coagir pessoas presentes no Tribunal do Júri.

Este Delegado- militar, adepto de torturas, não viu o final da história, pois faleceu de derrame cerebral em 1948. Mesmo ano da morte do Joaquim Naves. Já Sebastião Naves viveu até 1964. Sua mãe Dona Ana Rosa Naves viveu até 1966. O Dr. João Alami Filho morreu em 1993, o mesmo ano em que foi lançada a 3ª edição de seu livro.

A Inocência dos Irmãos Naves foi provada. A liberdade de um deles (Sebastião) foi concedida quinze anos depois de preso e condenado por um crime que não cometeu. Seu irmão faleceu pelos sofrimentos e torturas porque passou, e nem soube que foi considerado inocente depois de morto. Um filho do Sebastião, menor de idade, morreu. O Joaquim Naves morreu antes de ver a Decisão Final que o inocentou, e a mãe deles foi presa humilhada, seviciada e torturada. Estes foram o saldo de toda esta tragédia Jurídica, causada por pessoas

desequilibradas e mal-intencionadas que trabalharam a "desserviço" da Polícia e da Justiça, como se viu nesta história verdadeira.

Nenhuma Indenização, por maior que se consiga... E nenhum dinheiro recebido compensa todo o sofrimento e humilhações passadas pelos Irmãos Naves e sua família....

...Nesse que foi o maior Erro Judiciário do Brasil.

(Pesquisa, atualização e texto final: A.L.G. Autor deste livro, em julho de 2014.).

BIBLIOGRAFIA:

1) "O **CASO DOS IRMÃOS NAVES –UM ERRO JUDICIÁRIO** " -3ª Edição, de Autoria do Dr. João Alami Filho, Editora Del Rey, Belo Horizonte ,1993.

2) -**Revista "Liberdades"** -Edição de maio-agosto de 2010 – IBCCRIM.

3) -**Filme: "O CASO DOS IRMÃOS NAVES"** do Diretor **Luiz Sérgio Person**- M.C Filmes Distribuidora –São Paulo Brasil.

XVII- CASO DO GOLEIRO BRUNO X ELIZA SAMÚDIO: UM CRIME SEM CORPO.

Dizem as más línguas, nos meios jurídicos, que no Estado de Minas Gerais há advogados demais. Creio que só perde para o Estado de São Paulo em número de advogados inscritos na OAB. Contam por aí que certa vez um sujeito que estava perambulando ao redor do Fórum de Belo Horizonte com um estilingue, e de repente, matou um passarinho que estava numa árvore cantando, de manhã cedo. **Assim que o passarinho caiu morto no chão, apareceram mais de 200 advogados, que se ofereceram para defender o "matador" da ave**.

Dou esta introdução para falar sobre o Julgamento do Caso envolvendo o **Ex-Goleiro do Flamengo, o BRUNO**, (Bruno Fernandes de Souza) acusado de "ordenar" a morte, cárcere privado e ocultação de cadáver de sua ex-amante de nome **ELIZA SILVA SAMÚDIO**, cujo Júri ocorreu na Cidade de Contagem, Estado de Minas Gerais- Brasil a partir de 19 de novembro de 2012.

Como este caso teve grande notoriedade e repercussão no Brasil inteiro, e até fora do Brasil, devido o assédio de toda a Imprensa escrita, falada e televisada, muitos advogados apareceram por lá, inclusive alguns se oferecendo para defender, de graça, o Goleiro Bruno e seus "companheiros" envolvidos no crime, como o tal de **"BOLA"** (Marcos Aparecido dos Santos) e o **"MACARRÃO"** (Luiz Henrique Ferreira Romão).

Quando a TV estava transmitindo ao vivo ou gravando alguma reportagem, os advogados ficavam todos excitados, se digladiando para aparecer na Mídia. Segundo se comentou na época, em alguns programas de TV, que também levantou esta questão, alguns advogados mineiros, mais "aquinhoados" de dinheiro, chegaram até a oferecer dinheiro para defender alguns dos envolvidos na morte da Eliza Samúdio, esta mulher vítima, que tivera um envolvimento sexual com o Goleiro Bruno e que um filho nasceu deste relacionamento.

Entre os advogados mais afoitos, houve a hipótese levantada por alguns de "compra" da causa, tal o interesse de alguns em defender os envolvidos. Tinha tanto advogado que eles brigaram até nos corredores do Fórum, cada um querendo atuar no processo a qualquer custo. E teve briga até na hora final do Julgamento, no Tribunal do Júri, quando um advogado queria tomar o lugar do outro, já constituído como advogado, e já sentado no banco dos advogados, dos que estavam defendendo o Goleiro.

Deixaram de lado o decoro e a ética. Ai a luta pela fama e pelas luzes dos refletores falou mais alto. Muitos destes advogados estavam tomando conhecimento do Processo pela primeira vez. Mas queriam entrar no caso a qualquer custo. As notícias na TV, nos jornais e até na Internet, dariam mais "ibope" para seus Escritórios. Foi o que se comentou nos jornais televisivos.

E neste afã de virarem notícia, falaram demais, contaram "bravatas" e revelaram até documentos do processo que não deveriam vir a lume, antes de ser discutido no Plenário do Tribunal do Júri.

Na época, querendo aparecer, alguns advogados e a imprensa falaram até em acordos extrajudiciais com o Promotor do caso, coisa que não acontecera até então, quando de um julgamento por crime de homicídio doloso contra a vida, como era o caso.

Houve bate-boca, ataques pessoais, uns denegrindo a imagem do outro, e muitas fofocas antes do Julgamento. Isto sem falar nos debates orais, onde eles se mostraram mais agressivos ainda, atacando até a conduta do Promotor ou até mesmo da Juíza Presidente do Tribunal do Júri. Foi o que aconteceu...

Eu diria que foi um "assombro", uma calamidade jurídica, este julgamento do Goleiro Bruno...Com muitos advogados entrando e saindo do caso, alguns renunciando e outros sendo nomeados, para serem "dativos".

Um advogado conceituado bem conhecido em Belo Horizonte, o Sr. **Dr. Rui Carlos Pimenta**, esteve também em Contagem por ocasião deste julgamento. Ele, embora já estivesse com seus cabelos brancos e mais de 40 anos de atuação como advogado, chegou a dizer que a Eliza Samúdio estava viva, que tinha trocado de nome, pintado os cabelos de loiro, estas cosias... E que ela iria aparecer no dia do Julgamento. Criou até a história de que um taxista tinha visto ela em São Paulo, e que inclusive a tinha levado até um hotel. Tudo inventado para tumultuar o processo e irritar o Promotor e a Juíza titular da Vara Criminal que estava julgando o caso.

Falou isto lá e Minas Gerais, tanto na TV, no Rádio e deu entrevistas para revistas e jornais, do Rio de Janeiro e de São Paulo. Acreditando na sua tese inventada, quando todos já sabiam, inclusive os envolvidos na morte e desaparecimento dela, de que a Eliza realmente estava "mortinha da silva", como se diz por ai.

Para aparecer ainda mais, chegou a dizer que entre a data citada como sua morte (10 de junho de 2010) até aquela data do início do Julgamento (novembro de 2012) a Eliza Samúdio esteve se prostituindo no norte Europeu e tinha até passado pela Bolívia, para chegar agora no Brasil e aparecer viva no dia do Julgamento. Parece roteiro de filme.

Depois, ao ver todo aquele Julgamento, e acho que depois de se inteirar mais do processo, ele mesmo admitiu que realmente Eliza estava morta. Seus argumentos não convenceram nem mesmo o goleiro Bruno, que, obviamente sabia que a Eliza estava morta. Afinal ele, o "Bola" e o "Macarrão" haviam tramado a morte dela. E realmente a tinham matado com crueldade, como todos ficaram sabendo.

Após este episódio, o Goleiro Bruno que estava sendo "assediado" por outros advogados, dispensou o Dr. Rui Caldas Pimenta, em 20 de novembro de 2012, um dia após ter sido iniciado o Julgamento, que já tinha sido adiado uma vez. O Dr. Rui, sem mais ter compromisso com o seu Cliente Bruno, foi até as emissoras de TV, principalmente no programa da Rede TV, **da Sônia Abrão**, e falou todas as baboseiras possíveis. Coisas que um advogado de renome como ele não poderia falar em público. Principalmente sobre um caso no qual ele já havia "trabalhado", e que agora estava sob o "patrocínio" de outros advogados.

Depois apareceu o Advogado mais "barulhento" de todos eles, o Dr. **Elcio Quaresma**. Este, durante uns cinco meses antes do julgamento e até uns dois meses depois, falou tanta "bobeira" que assustou muita gente do meio jurídico. Ele falava mais do que o "homem da cobra", como dizemos. Atacava os colegas, a Juíza, o

Promotor e até o Delegado Dr. **Edson Moreira**, que fizera um trabalho bem feito quando do Inquérito Policial.

Este advogado Quaresma contou muitas bravatas. Elogiava a si próprio como o "melhor advogado criminalista do Brasil" e trazia à tona fatos e documentos que estavam e até os que não estavam no Processo. Foi aos Programas de Televisão, deu entrevistas a repórteres em São Paulo, Rio e Minas Gerais também. E apareceu muito na Mídia. Apareceu tanto que descobriram até que ele era usuário de drogas... Aí ficou meio desacreditado.

Ele foi um dos Advogados do Bruno. E em um dos dias do Julgamento "bateu boca" com a MMa. **Juíza DRA. MARIXA FABIANE**. E disse até que ia denunciá-la na Corregedoria do Tribunal de Justiça de Minas Gerais... E ela, por sua vez, que iria oficiar à OAB sobre a antiética e desrespeitosa conduta dele etc.

Esta Juíza o mandou calar várias vezes e, por fim, pediu para ele se retirar do plenário do Tribunal do Júri, em Contagem, Minas Gerais. A Juíza estipulou multa para ele. A "coisa" ficou feia. O Promotor do caso, bem jovem, de nome **Henry Wagner Vasconcelos**, aguentou todos os "acharques" e ataques dos advogados, mas fez muito bem o seu trabalho. Outro advogado "conversador" e que apareceu muito na TV, foi o Dr. José Arteiro Cavalcante, um cearense metido a brabo, que era advogado da mãe de Eliza e trabalhou no caso com Assistente de Acusação.

Depois, por haver desmembramento do Processo em relação aos outros envolvidos (BOLA, MACARRÃO, DAYANNE E FERNANDA e outros envolvidos no caso) e por falta de algumas das testemunhas, o Julgamento foi adiado mais uma vez, marcado para março de 2013. O Dr. Quaresma disse que voltaria a se "digladiar" na Justiça pelo seu cliente. Mas não voltou, foi substituído. Aliás, muitos advogados se "ofereceram" para atuar na Causa. E outros foram nomeados pela MMa. Juíza. Bruno alegou que não tinha mais dinheiro para pagar advogados. Mas, para ele, não faltava advogado. Aliás, tinha advogado **a granel,** no Fórum de Contagem, naqueles dias...

Tinha mais gente envolvida no Crime, tal como a Daiane, ex-mulher do Goleiro Bruno, que deu guarida a Eliza Samúdio quando esta foi levada até um sítio pertencente ao goleiro, em Minas Gerais, e lá ficou sequestrada, junto com o filhinho que tivera e que ela alegava ser filha do Bruno. E era filho dele realmente, como ficou provado depois, com o exame de DNA, em 29/10/2010. Outros parentes e amigos do Bruno foram indiciados. Um deles, Sérgio **Rosa**, primo de Bruno morreu por outro motivo, antes de terminar o Julgamento. E outros dois, **Wemerson Marques**-(caseiro de Bruno) e **Jorge Luiz Rosa**, que era menor na época do fato, foram indiciados e condenados a penas menores, pela participação no crime. O Julgamento de Bruno terminou na madrugada de 07 de março de 2013.

Com os desmembramentos e muitos envolvidos, haveria julgamentos em separado e estes ficaram para depois do carnaval de 2013. E tudo foi sendo prorrogado até todos serem condenados. Houve apelação para o Tribunal de Justiça, mas este manteve as sentenças prolatadas pela MMa. Juíza de Contagem -MG.

A história deste crime é fácil de entender: Bruno, que era o Goleiro titular do Flamengo do Rio de Janeiro, até junho de 2010, tinha mulher filhos e muitas namoradas ou amantes. Nas "horas vagas" ele havia namorado com Eliza Samúdio, pois a conhecia desde 2008. Ela era nascida em Foz do Iguaçu, PR, mas se criou mesmo em Mato Grosso. E com 18 anos tinha ido para São Paulo, com objetivo de ser modelo. Seu pai era separado de sua mãe. Quando ocorreram os fatos aqui narrados, Eliza tinha 25 anos, pois nasceu em 22/02/1985. Para sobreviver enveredou por este mundo das Modelos, das" Marias Chuteiras" ou coisa parecida. Dizem que ela fez até filmes pornográficos, ou semineuróticos, utilizando um pseudônimo.

Desse envolvimento, com Bruno surgiu a gravidez, que ela, na imprensa, disse que esse filho que esperava era do goleiro Bruno. Falou isto para ele também, claro. E então começou a "briga" com ele pelo reconhecimento da Paternidade e pela Pensão Alimentícia. Como a Lei já tinha mudado, e ela já estava grávida, tinha direito de exigir ajuda financeira dele já naquele tempo. E exigiu.

Inicialmente, enquanto estava grávida, Eliza foi sustentada por Bruno, no Rio de Janeiro. Ele negou a Paternidade e a briga aumentou. Ela foi para a TV, e o denunciou na Delegacia da Mulher. E assim, a "coisa" toda veio à tona. Ele a obrigou a tomar remédio, queria que ela abortasse, e houve brigas e ameaças, por parte dele e de seu companheiro e "fiel escudeiro" o Macarrão...Depois que o menino nasceu, ela procurou o Bruno mais ainda. E ameaçou contar à imprensa outras coisas que sabia dele e do Macarrão. Parece que havia envolvimento do Macarrão com as drogas. Parece.

O certo é que este Goleiro Bruno confiava tanto neste seu "fiel escudeiro" que era ele que tomava conta até de seu dinheiro, no Rio de Janeiro. Ambos são mineiros e desde crianças eram companheiros de peladas e amigos. Acho que o Bruno passava mais tempo com este Macarrão do que com sua esposa verdadeira, a Dayanne. Ela, com os filhos, residia em Minas Gerais. Ele, goleiro do Flamengo, fora os dias de jogos em todo o Brasil, tinha sua "base" no Rio de janeiro. E por isto estavam separados de fato, já na época do crime contra a Eliza Samúdio.

Ele, segundo noticiou-se em todo o Brasil, era bem namorador, ou farrista, como queiram. Na época do crime ele tinha a Ex-mulher Daiane, que embora separados ele via com frequência, por causa dos filhos que tivera com ela na vigência do casamento. Tinha uma ex-namorada, de nome Fernanda Gomes, e uma outra ex-namorada de nome Ingrid. E ainda se envolveu com a Eliza, que segundo ele não foi sua namorada, mas que houve sim o envolvimento sexual com ela. Diz-se amante, que atualmente dá na mesma. Afinal as namoradas de hoje são amantes...Na minha opinião.

E tinha ainda um amigo bem fiel, o Macarrão, que lhe jurou fidelidade e amor eterno, escrito em uma tatuagem no corpo dele, e tudo o mais... Era grande a amizade entre ambos. A confiança do Bruno no Macarrão era tanta que este amigo recebia o salário do goleiro e pagava suas contas. Eu nunca tive um amigo assim. Nem minha esposa fez ou faz isto para mim.

Com o andamento do Processo, que tramitou na Comarca de Contagem Minas Gerais, pois acredita-se que foi lá que mataram Eliza Samúdio, os envolvidos foram julgados um a um. Com as provas e as oitivas das testemunhas, o pessoal foi confessando e dando indícios de seus envolvimentos. Bruno foi condenado a 22 anos e três meses. Macarrão foi condenado a 15 anos e abriu o jogo" e na madrugada de 22 /11/ de 2012. Então o Macarrão denunciou o

Bruno como o "mentor intelectual do Crime". Ele admitiu que a Eliza estava morta, embora com declarações contraditórias. E finalmente o "Bola", que foi dito como o possível executor do crime, também foi condenado, pegou 22 anos de prisão. A Dayanne, ex-mulher do Bruno foi absolvida, pois para a Justiça ela não participou do crime. A namorada do Bruno de nome Fernanda Gomes pegou pena menor 05 anos, em regime aberto, pois ela "ajudou" o goleiro Bruno no "esquema" de levar a Eliza do Rio de Janeiro para Minas.

Eliza, ao aceitar ir para Minas, em 04/06/2010, assinou sua sentença de morte. Ao ir para lá, com o Macarrão, e um menor primo do Bruno, Eliza estava com o filho, nascido em 10/02/2010. Ou seja, ele estava preste a completar 04 meses de idade. No dia 10/06/2010, segundo se apurou, Eliza foi morta, na região de Vespasiano, MG...

Parece que o objetivo em levar Eliza para Minas (Esmeraldas, onde Bruno tinha um Sítio) era para convencê-la a desistir da Ação de Paternidade e Pensão Alimentícia contra o Bruno e com a promessa que este iria comprar um apartamento para ela, ou dar um dinheiro para ela, estas coisas. Porém, ao contrário, puseram ela num carro, provavelmente em 10 de junho de 2010, e segundo se apurou, deram dinheiro para o Bola executá-la. O que ele fez com crueldade. Segundo uma testemunha, um primo do Bruno, que na época do crime era menor de idade, a Eliza foi estrangulada, queimada e jogada em algum lugar. Apareceu sangue no carro, pois alguém, deu-lhe um soco, enquanto ela estava sendo conduzida. O filhinho dela estava no sítio e não foi morto. O Bola nega este crime até hoje. Ele era, na época, um ex-policial que de tão expert em armas e tiros, treinava soldados cabos e oficias da

PM mineira. E criava uns cachorros pretos grandões, que, segundo se disse também, estes cães tinham mordido a Eliza antes desta morrer. Como ela não apareceu viva e o seu corpo não foi encontrado até hoje, fica difícil dizer qual foi a "causa mortis" dela realmente. A perícia médica, neste caso, ficou prejudicada.

Mas, pelas provas ou evidências colhidas, e pelas oitivas de testemunhas e o tempo de desaparecimento, a Eliza Samúdio, vítima de todas esta história real, foi dada como morta e inclusive foi expedido o seu Atestado de Óbito, o que para a Justiça encerra o assunto sobre a possível, ou presumível morte dela. Para os efeitos da Lei, ela está morta. O Atestado de Óbito foi publicado no Diário Oficial e da Justiça de Minas, em 15/01/2013. Este documento foi emitido após sentença da MMa. Juíza. Desta decisão não cabe recurso.

Este Caso da Eliza Samúdio envolvendo o Goleiro Bruno do Flamengo, como "chefe" da turma que a eliminou, ganhou repercussão internacional. Não por causa do crime em si, mas por envolver um jogador de futebol de um time querido por milhões de torcedores. E o futebol está na mídia 24 horas por dia, em todo o mundo. Afinal de contas, quem nunca ouviu falar do Clube de Regatas FLAMENGO, que já ganhou todos os títulos nacionais e até já foi Campeão do Mundo de Futebol?

É o time de futebol, com a maior torcida no Brasil. (Os Corintianos negam isso)

Para quem gosta do Direito, este Julgamento foi uma verdadeira aula de "como não se deve agir" como advogado, numa situação destas. Naquela ocasião a ética, o bom senso e o respeito ficaram em segundo plano.

Os advogados falaram muitas asneiras. Como disse um colega meu: "Eles conversavam pelas pernas"!

Portanto, com mais este episódio negro da Criminalidade Brasileira, além de se saber até que ponto vai a maldade dos homens, ficamos conhecendo também o mau comportamento de certos advogados, fazendo de tudo para aparecer na Mídia. Afinal, num país onde os Ministros do STF aparecem todos os dias se digladiando pela TV, por que os nobres causídicos não podem fazer o mesmo?

Nos meus aprendizados de Direito sempre achei que o bom advogado não deve e não pode querer muita publicidade. Aliás, isto está claro no Estatuto da OAB. Assim como os Juízes e Promotores, não devem procurar a publicidade.

A Advocacia não é um comércio, com grandes letreiros e luminosos nas fachadas dos Escritórios. É uma atividade difícil e árdua na qual o profissional do Direito contribui com a Justiça. O dinheiro e a fama são consequências de trabalhos bem feitos. Porém, **muitos querem ter seus "15" minutos de fama, como dizia Andy Wahol**, famoso promotor de festa dos EUA.

Como o Bruno, um dos principais personagens desta nossa história, está preso desde junho de 2010, na feitura deste livro ele estava para completar 04 anos de cadeia, em regime fechado, num Presídio de Minas Gerais. E como as nossas Leis permitem redução de pena por bom comportamento, dias trabalhados e ainda existem e as "brechas" legais para "Progressão de Pena", também previstas nas Leis penais, ele deve ficar só mais uns dois anos preso.

Ao escrever este livro, de março a julho de 2014, o goleiro Bruno estava tentando entrar para o Regime Semiaberto, com a possibilidade de ser jogador de futebol de novo (Goleiro). Treinaria e jogaria durante o dia e voltaria ao presídio à noite. Já até assinou o contrato com um Time do Interior de Minas Gerais. Porém, a Justiça não tinha se pronunciado sobre este fato até 13/03/2014. E segundo a imprensa, ele quer fazer um novo exame de DNA, querendo escapar de ter que pagar a pensão do filho da Eliza, cujo Registro de Nascimento já tem seu nome como pai e cuja guarda do menino está com a avó materna, a mãe da Eliza desde a morte desta.

CONCLUSÃO: O Goleiro Bruno, por sua natureza impulsiva e pela vida que levava, procurou junto com seus companheiros, resolver um simples problema de paternidade e pensão alimentícia e talvez a doação de um bem imóvel para a Eliza, praticando um crime que causou a morte da "credora" destes direitos. Mandou matar a Eliza Samúdio para esta não mais lhe importunar por um documento onde constasse ser ele o pai do filho dela, (Certidão de Nascimento), e por causa de uma Pensão de no máximo R$ 5.000,00 (Cinco Mil Reais), quando ele ganhava em torno de R$ 150.000.00 (Cento e Cinquenta Mil Reais) por mês no Flamengo.

Com sua atitude perdeu a liberdade, ficou exposto à especulações e pressões da Mídia, e toda a sua vida foi mostrada na Imprensa, inclusive seu envolvimento com um mundo de prostituição e drogas, e ainda por cima perdeu o direito de exercer sua profissão, que era bem rentável financeiramente.

Além tudo isto, mesmo depois de "pagar" sua pena perante a sociedade, e voltar à liberdade de novo, o filho da Eliza, que tem o seu sangue nas veias, vai sempre saber que foi ele que determinou e agiu para que a mãe morresse.

Faltou ao Bruno calma e tranquilidade e talvez até orientação de um profissional para resolver o problema. Que poderia ter sido resolvido com dinheiro e com a colaboração de um advogado da área familiar. Provada a paternidade, bastava ele pagar uma pensão para ela, para ela poder criar o filho; dar um valor em dinheiro para ela ou uma casa ou apartamento, como ela pediu, e tudo se resolveria.

Faltou a ele, sobretudo, conhecimento e sabedoria (pois são diferentes um do outro) para entender que quem dá a vida é Deus e só Ele pode determinar a hora e o dia em que vamos morrer.

Problemas e situações que podem se resolver com dinheiro, jamais se resolvem com a morte de quem quer que seja. A morte acaba mesmo é com os problemas de quem morre...pois os mortos, sejam eles homens ou mulheres, não têm futuro, já dizia o Barão de Itararé (Aparício Torelli, jornalista e escritor Paulista).

Que o Bruno tenha todo o tempo do mundo para se arrepender e adquirir conhecimentos para poder ainda ser útil à sociedade, não apenas como um Jogador de Futebol, mas falando para todos como não se deve agir em casos como este.

Infelizmente, ele não foi o primeiro e nem será o último a agir com extremo egoísmo e sob forte emoção ou de maneira passional.

Que sua tragédia pessoal sirva de lição para muitos...

E que Deus tenha piedade de sua Alma!

P.S. Estes últimos dias, quando eu terminava este livro, em julho de 2014, soube que ele se casou de novo com a antiga namorada da época do crime, e que está lendo a Bíblia....

Isto é muito importante para uma nova vida. Além disso, ele tem que se preocupar também, com os filhos do casamento que teve com a Dayanne.

NOTA IMPORTANTE: Em 24 de julho de 2014, **JORGE LUIZ ROSA,** o primo do Goleiro Bruno, e que era menor de 18 anos na época do crime, informou à Polícia que sabia onde foi enterrado o corpo de Eliza Samúdio. E disse também que ela não foi esquartejada ou comida por cães antes de morrer, como se noticiou na época... Disse que ela foi sufocada até a morte, teve um braço sangrado (corte no Pulso) e foi enterrada morta, num sítio, na Região de Vespasiano, perto do Aeroporto de Belo Horizonte. Em 25 de julho a Polícia Mineira foi até o local para ver se encontrava a ossada de Eliza Samúdio, morta pelo Bola em 10 de junho de 2010, como consta no texto acima. O Jorge Luiz Rosa estava junto e com advogado. Mas, até às 13:00 deste dia 25 de julho de 2014 nada foi encontrado. A polícia usou uma retroescavadeira e foi no local indicado, um lote vago, e perto de um coqueiro (planta). Nada encontrou.

Como o Jorge Luiz Rosa era menor de idade quando participou desta trama que causou a morte e desaparecimento de Eliza Samúdio, ele foi condenado apenas a medidas socioeducativas e mesmo que fosse condenado pela morte dela, somente poderia pegar três anos de cadeia. E este tempo já passou e ele já cumpriu o que foi determinado pela Justiça. Agora, segundo a imprensa, mesmo ele tendo levado a Polícia a um local onde não se encontrava o corpo da Eliza, como informou, ele não deverá ser punido, mesmo já sendo maior de idade.

- Será que o Bola e outras pessoas envolvidas no crime, não tiraram o corpo da Eliza de lá, ainda em 2010, quando a notícia da morte dela veio à tona?

Portanto, continuava todo o mistério sobre o corpo da pobre mulher até este dia 25/07/2014.

OBS.: Até a revisão final deste livro, em maio de 2019, não haviam encontrado o corpo da Eliza Samúdio.

E, janeiro de 2020 o Bruno já estava no Regime Semiaberto, (após várias reviravoltas nas decisões da Justiça,) em Belo Horizonte, MG

XVIII- MEDICINA LEGAL-CURIOSIDADE: "AO CADÁVER DESCONHECIDO "

Infelizmente muitos dos Cursos de Direito que são ministrados atualmente pelas faculdades brasileiras não mais oferecem a Disciplina "Medicina Legal". Também raramente nestes Cursos atuais se estuda a "Psiquiatria Forense" ou a "Psicologia", como fazíamos anos atrás. Tínhamos que visitar, inclusive, os necrotérios, para ver um cadáver frio (obviamente morto), sob a mesa do IML. Para ver "in loco" os buracos de bala nele. Os cortes de faca ou de outros objetos perfurocortantes que lhe causaram a morte.

É imprescindível que os Formandos de Direito saibam os aspectos do crime sob a ótica da Medicina Lega, e da Psiquiatria Forense ou da Psicologia, pois muitos dos que se formam em Direito serão Delegados, Juízes e Promotores. É preciso conhecer tais aspectos do ser humano, sua personalidade, caráter e sua mente, quando se investiga um crime.

Dos escritos didáticos e curiosos que me passara pelas mãos quando cursava a faculdade, guardei este, que abaixo transcrevo, muito mais a título de Curiosidade, para alunos e professores de Direito. E, claro, para os Estudantes de Medicina e médicos-legistas também.

AO CADÁVER DESCONHECIDO:

"AO CURVARES-TE COM A LÂMINA DE TEU BISTURI SOBRE O CADÁVER DESCONHECIDO, LEMBRE-TE QUE ESTE CADÁVER NASCEU DO AMOR DE DUAS ALMAS; CRESCEU

EMBALADO PELA FÉ E PELA ESPERANÇA, NO SEIO DAQUELA QUE O AGASALHOU; SORRIU E SONHOU OS MESMOS SONHOS DAS CRIANÇAS E DOS JOVENS; AMOU E DE CERTO MODO FOI AMADO; ESPEROU E ACALENTOU UM AMANHÃ FELIZ; E SENTIU SAUDADES DOS OUTROS QUE PARTIRAM.

AGORA ELE JAZ NA FRIA LOUSA, SEM QUE POR ELE SE TENHA DERRAMADO UMA LÁGRIMA SEQUER. SEM QUE TIVESSE UM ÚNICO BEIJO DE DESPEDIDA. SEM QUE TIVESSE, (PARA ELE), UMA SÓ PRECE.

SEU NOME SÓ DEUS SABE! MAS, O DESTINO INEXORÁVEL DEU-LHE O PODER E A GRANDEZA DE SERVIR À HUMANIDADE! ...

A HUMANIDADE QUE POR ELE PASSOU... PASSOU INDIFERENTE! (*)

(*) Autor desse texto: Roccky Fransky (1796) Encontrado num livro antigo de "Ciências Médicas".

XIX- **ADVOGADO DE "GRIFFE" OU COM "GRIFFE"**

Ouvi numa reportagem da TV que alguns Advogados de "Griffe" são pagos a peso de ouro para atuarem em causas cujos réus são políticos, empresários e comerciantes corruptos que fazem "lavagem" de dinheiro, grandes traficantes e para alguns dos notáveis políticos envolvidos no Mensalão, seja este do PT ou do PSDB. (Houve dois grandes processos envolvendo políticos nos últimos anos, tramitando pela Justiça Brasileira).

Muitos destes réus ficaram ricos com desvios de dinheiro público, tráfico de drogas ou negócios escusos e suas vidas se resumem em transferir dinheiro para bancos nos tais "paraísos fiscais" e a burlar a Receita Federal, o Banco Central etc. E contratam os tais "Advogados de Griffe" ou com fama na Mídia, aos quais pagam verdadeiras fortunas para que tais causídicos possam "enrolar" a Justiça, mentir no lugar deles ou simplesmente defendê-los. Entretanto, muitos destes causídicos, no afã de satisfazerem seus clientes e deles tirarem a maior quantidade de dinheiro possível (ou honorários), procuram desvirtuar o papel da Justiça, em todas as suas Instâncias, com o que não devemos concordar...

Sabemos que o nome e o "status" do Advogado lhe rende mais dividendos. Eu também sempre soube que a fama que os causídicos conseguem através dos meios de comunicação, sempre têm um "peso" e uma "força" maior diante dos funcionários e nos meandros da Justiça. E se aproveitando disto, muitos destes advogados famosos querem "ganhar a causa" no "grito". Tive oportunidade de me confrontar com alguns destes tipos. Há advogados tão atrevidos que até ameaçam outros advogados. E nos processos, a despeito da Lei dizer que todos são iguais perante a Lei, esta fama e status é um bom "abridor" de portas para eles. E, claro, têm prioridade em alguns casos e diante de Juízes, Promotores etc.

Já tive oportunidade de participar de mais de uma audiência em que, do outro lado (representando a parte contrária), tinha um destes advogados barulhentos, fanfarrões, que nada enobrecem a classe. Muitos são como os paus do bambu: **por fora são belos, imponentes; por dentro são ocos e vazios**...Alguns destes têm escritórios que parecem Palácios. E acho até que é bom um escritório bem montado, com bom visual, desde que o profissional seja realmente bom e ganhe muito dinheiro com sua atividade, de maneira honesta. Contudo, seja em nosso país ou em outros países, há escritórios que são armadilhas, para impressionar e fazer negócios sujos. Estes devemos abominar.

Os chamados advogados de Marca ou "Grife", nem sempre ganham suas causas. A diferença é que eles cobram milhões, prometendo ganhar a questão e vender "vitórias", antes do tempo. O advogado não pode vender resultados, pois estes resultados ou as decisões de um processo não dependem só da atuação deles. Um escritório de advocacia não pode ser um balcão de negócios.

Um dos exemplos claros desses advogados caros, que se aproveitam do nome conseguido na mídia para amealhar milhões, é o Dr. Márcio Tomaz Bastos. Ele já tinha uma certa fama e depois que foi Ministro da Justiça, passou a cobrar milhões para que seu Escritório (e não só ele) pudesse participar de uma causa, defendendo gente também famosa. Como ocorreu no caso da defesa do contraventor Goiano Carlos "Cachoeira" (ex-amigo do Governador de Goiás, Sr. Marconi Perillo). O Dr. Márcio foi até onde quis fazendo sua defesa e acompanhando-o nos processos. Porém, depois que viu que não ganharia a causa, abandonou o cliente, renunciou ao mandato procuratório...Mas já tinha cobrado 15 milhões para que seu Escritório trabalhasse na causa. Obviamente que ele não trabalha sozinho, e nas audiências que ocorreram em Brasília (Congresso Nacional) e aqui em Goiânia na Justiça Federal, por exemplo, ele não participava, mandava outro ou outra advogada. Ou seja, ele estava apenas usando a fama para ganhar muito dinheiro. E o cliente dele, apesar de ainda estar solto quando da feitura deste livro, foi condenado e sua situação agora depende de recursos para o T.F.R. em Brasília. Só que com outros advogados menos famosos.

Podemos citar um outro destes Advogados de "Griffe": O tal de "Cacaio". Isto mesmo, ele é conhecido por este apelido. É um de barba, metido a intelectual. Ficou conhecido da Mídia, inclusive, porque defendeu artistas da Globo, inclusive aquela atriz Carolina Dieckman, no caso das imagens dela nua, vazadas para a internet. Virou até lei nova, tal situação...Uma lei que proíbe imagens não autorizadas e divulgadas pela Internet.

Pois muito bem, ele defendeu o Senador Demóstenes Torres, de Goiás, que era "associado" ao tal Carlinhos "Cachoeira". Fer um "barulho" danado. Deu entrevistas, apareceu em todos os canais de TV do Brasil. Foi até na CPI do Senado e da Câmara de Deputados que "investigava" o assunto. Defendeu o ex-senador até nestas situações e na Justiça Federal. Porém, toda a sua fama e influência não impediu que o tal ex-senador fosse "cassado" (perda do mandato) e ficasse inelegível por 15 anos consecutivos. E este ex-Senador ainda está em vias de perder seu cargo como Procurador do Estado de Goiás e passar uns anos preso, pois o processo criminal contra ele na Justiça Federal, ainda não acabou, além da investigação que sofre no Ministério Público Estadual. Contudo o "homem" tem as "costas quentes".

Esta denominação de "Advogado de Griffe" não é minha. Foi um Jornalista do SBT (Acho que o José Nêumanne Pinto) que a citou, dando notícias sobre estes casos acima citados. E agora, só depois de tantos anos trabalhando no ramo do direito, foi que ouvi este termo e fiquei sabendo desta denominação, pois para mim, até então, todos os advogados eram iguais. Diferentes apenas na aparência, na condição social, e na quantidade de causas que tinham; mas todos comedores de arroz e feijão como eu.

Porém, não é bem assim. E, como temos que conviver com a modernidade, agora temos que "engolir" mais esta: **"Advogados de Griffe"**. Pensei inicialmente que eram advogados que apenas se vestiam bem, que usavam "roupas de marcas", de "grife". Contudo, pelo que sei, são mesmo os advogados famosos, mais citados pela Mídia, que dão mais entrevistas. E que, em minha modesta opinião, fazem mais "barulho". O problema de muitos deles é de se "acharem" o máximo... Pensam que sabem mais que os outros, e andam com uma "máscara", uma arrogância, própria dos que querem "aparecer". Embora o conhecimento não precise dessa imagem, para ser apreciado e notado. Todos nós podemos ter um saber jurídico igual ou maior que eles. Mas eles têm a Mídia a favor de suas" Bravuras" e de suas "Bravatas". Muitos destes advogados são espertos mesmos, estudiosos, têm uma equipe a trabalhar e pesquisar para eles. Outros são corruptos, desonestos. E talvez até mais que seus clientes. Tanto que alguns advogados ricos também são presos, processados, envolvidos em maracutaias. Aí irão precisar de outros advogados para defendê-los.

Diz a máxima latina que:

"O sábio não faz alarde de si mesmo, por isso brilha."

Porém, no mundo de hoje, para tais advogados de marca, não é preciso apenas ser sábio. Há necessidade de que a Mídia dê um "valor", uma notabilidade ao profissional. Não basta a eles o mérito dos meios jurídicos, no Fórum ou perante os Juízes, Promotores e Desembargadores. Querem a luz dos refletores... E muitos conseguem. É um mundo caro, onde vale mais o que diz a propaganda que fazem de si mesmos! ... Muito mais que os méritos verdadeiros do profissional .Contudo, fora da Ética e da Moral que exige o próprio Estatuto da OAB (LEI nº 8.906 de julho de 1994), na parte deste onde trata da Ética e Disciplina do Advogado, especificamente da Publicidade, a partir do artigo 28 do Código de Ética e Disciplina.

Com relação ao conhecimento jurídico, entendo que qualquer um pode desenvolver ao máximo, basta se dedicar e se aprimorar, estudando e pesquisando muito. E na experiência do trabalho do dia a dia. Aliás, nada é tão superior à experiência, para dar mais conhecimento ao ser humano. Não só na advocacia, mas em todas as áreas profissionais e da vida...

Além de todos estes Advogados "de Griffe" ou com roupas de "grife", há os que, mesmo sem ser tão conhecidos ou reconhecidos pela Mídia, se vestem com esmero acima da média. Usam roupas de marcas mesmo, e se preocupam muito mais com a aparência do que com o saber jurídico. São uns "modelos", na concepção simples desta palavra. Muito "arrumadinhos" demais para meu gosto. Parecem noivos no dia do casamento, de tão bem vestidos, com ternos alinhados e eles bem perfumados. E ansiosos, não para participarem da Audiência, mas para "aparecerem" para clientes e Estagiárias ou Estagiárias de Direito que trabalham nos prédios da Justiça.

Eles querem brilhar na" passarela dos corredores do Fórum"
...

Para ilustrar ainda mais este meu tema, conto aqui uma história real que presenciei:

Anos atrás, estava eu e outros dois advogados dentro de um elevador do Fórum, em Goiânia, GO. O prédio tem uns doze andares. Nós três, devidamente vestidos para participar de audiências, estávamos ali, no elevador, e a moça que "manobrava" o elevador também, sentada em seu banquinho. O Elevador, assim como todo o prédio, tem ar condicionado. E obviamente que tudo isto é pago com o dinheiro das "custas processuais" (caríssimas em Goiás, por sinal) e com os tributos que pagamos. De repente, diante daquele clima e de um "sonzinho" de música vindo do rádio FM do celular da assessorista, ouve-se um "**pum**", que no linguajar camoniônico utilizado pelo brasileiro é um "**peido**" mesmo.

E assim, naquele ambiente apertado, entre o perfume da moça, do perfume diferente do advogado "peidão", do som do rádio e do "cheiro" (?) do peido, ainda pude observar o terno limpinho, todo branco do advogado jovem e "peidão". Ele era todo arrumadinho, gel no cabelo e até um lenço na lapela. Parecia mesmo um noivo virgem. (Será que ainda existe algum?). Só que, apesar dessa sua "imagem cândida", ele havia peidado, e pronto. Enquanto o elevador ia subindo, o cheiro (ou odor?) ia se espalhando. O seu colega, (acho que eram do mesmo escritório) que conversava baixinho com ele antes, disse em voz mais áspera:

- "Ô Colega, você não tem vergonha de soltar um "pum" aqui no elevador, na nossa "cara", na frente da Moça?

Ao que o advogado janota, bem limpinho, quase Yuppie falou:

"..Ora Cara, todo mundo peida, até o Papa ! "

...E completou:

... "Além disso eu estava "segurando" o pum desde a hora em que adentrei o elevador...não deu mais para segurar! E, sendo repreendido com o balançar negativo da cabeça de seu colega causídico, ele ainda continuou sua fala - "Vai me dizer que você nunca peidou em público? Isto é um reflexo condicionado Cara! Saiu e não pude evitar."

Eu e a moça que "manobrava" o elevador ficamos nos olhando, segurando o riso e o mal-estar, daquele ambiente frio, com cheiro de perfume e odor de pum ao mesmo tempo. Foi um curto espaço de tempo, mas foi difícil de aguentar. O estômago embrulhou. Para sorte nossa, no 6º andar a dupla de advogados saiu do elevador. Eu continuei, pois, iria até o 10º andar. E nesta "viagem", a moça do elevador quase nada disse, a não ser a as palavras:

- "Que coisa hein?" e continuou sorrindo.

Eu, por meu lado, disse apenas o seguinte:

- Falar o que depois disso?

E sai no 10º andar e fui fazer a minha audiência, já anteriormente marcada. Sai dali com a ideia de contar este caso... E meses depois, no dia da reportagem da TV em que o jornalista falou dos "Advogados de Griffe", escrevi este texto...Inicialmente postei no Palácio de Letras, o meu "blog"

Acho que nós, os profissionais do direito, devemos realmente nos vestir bem, sem exageros, claro. Inclusive nas intimações e citações oriundas da Justiça, sempre consta uma frase no rodapé dos documentos, com os seguintes dizeres: "Ao participar de audiências, ou adentrar em ambiente forense, esteja vestido adequadamente, etc. etc...Agora que publico esta crítica aos advogados famosos demais ou de "Griffe", fico pensando se algum deles não vai querer me processar por isto. Ao mesmo tempo penso que, como sou advogado também, posso me defender, sem precisar gastar dinheiro contratando um causídico para me defender. E pensei cá com meus botões: E se algum famoso me processar e a notícia sair na Mídia?

De repente, fico famoso também. Quem sabe este pobre mortal, escriba nas horas vagas, não terá um "lugarzinho ao sol" também?

Estaria eu agora, depois de tanto tempo, e com mais idade, querendo ter os meus "15 minutos de fama   -Quem sabe agora seria a" minha vez"?

-Isto me faz lembrar aquela frase final do filme estrelado pelo AL PACINO (Advogado do Diabo), em que o "personagem/diabo" diz:

"AH! A VAIDADE! COM CERTEZA O MEU PECADO PREDILETO"

XX- EDUARDO J. COUTURE E OS DEZ MANDAMENTOS DO ADVOGADO

Eduardo Juan Couture foi um dos mais renomados juristas do Uruguai. Ele nasceu na Cidade de Montevidéu em 24 de maio de 1904, e faleceu em 11 de maio de 1956, prestes a completar 52 anos de idade. Ele também ficou conhecido em todo o mundo pelo seu trabalho sobre o "Direito de Ação", no campo do Direito Processual Civil.

Com 27 anos de idade, já advogado, começou sua carreira como Professor substituto na Disciplina "Direito Processual Civil". Ao completar 32 anos de Idade foi nomeado Professor Titular da matéria, profissão esta que exerceu até a sua morte. Ou seja, por 20 anos consecutivos, deu aulas de Direito Processual Civil.

Foi nomeado Diretor da Faculdade de Direito de Montevideo, Uruguai várias vezes, da qual foi também Reitor. Inclusive reeleito poucos meses antes de sua morte em 1956. Também foi um membro ativo da Universidade Central Conselho, órgão diretivo da Universidade de la República, uma espécie de UNB do Uruguai. Ele exerceu a advocacia cível e foi também Presidente da "OAB" do Uruguai. E foi condecorado várias vezes por organismos internacionais, inclusive pela Ordem do Cruzeiro, do Brasil. Seus restos mortais estão no Cemitério Geral de Montevidéu, Uruguai. Deixou muitas obras no ramo do Direito, especialmente no campo do Direito Processual Civil e Os Mandamentos dos Advogados, (em número de dez), que a seguir transcrevemos.

OS DEZ MANDAMENTOS DOS ADVOGADOS: (Eduardo J. Couture).

ESTUDA:- O Direito está em constante transformação; se não o acompanhas, serás cada dia menos Advogado.

PENSA:- O Direito se aprende estudando, porém se pratica pensando

TRABALHA:- A Advocacia é uma fatigante e árdua atividade posta a serviço da Justiça.

LUTA:- Teu dever é lutar pelo Direito, porém quando encontrares o Direito em conflito com a Justiça, luta pela Justiça.

SÊ LEAL:- Leal para com teu cliente, a quem não deves abandonar, a não ser que percebas que ele é indigno de teu patrocínio. Leal para com o adversário, ainda que ele seja desleal para contigo. Leal para com o Juiz, que ignora os fatos e deve confiar no que tu lhe dizes, e que mesmo quanto ao Direito, às vezes tem de confiar no que tu lhe invocas.

TOLERA:- Tolera a verdade alheia, como gostarias que a tua fosse tolerada.

TEM PACIÊNCIA:- O tempo se vinga das coisas que se fazem sem a sua colaboração.

TEM FÉ:- Tem fé no Direito como o melhor instrumento para a convivência humana. Na justiça como destino normal do Direito. Na

Paz, como substituto bondosos da Justiça; e na Liberdade, sem a qual não há Direito, nem Justiça, nem Paz.

ESQUECE:- A Advocacia é uma luta de paixões. Se em cada batalha fores carregando tua alma de rancor, chegará o dia em que a vida será impossível para ti. Terminado o combate, esquece logo, tanto a vitória quanto a derrota.

AMA A TUA PROFISSÃO:- Procura considerar a Advocacia de tal maneira, que no dia que teu filho, ou filha te peça conselho sobre seu futuro, considera uma honra para ti, aconselhá-lo(a) que ele(ela) se torne Advogado (a).

CONCLUSÃO

Podemos dizer tranquilamente que o Direito entra na nossa vida assim que nascemos. Assim que o médico assina a Declaração de Nascimento, algum parente nosso, seja o pai, a mãe, o irmão, o avô, a avó, ou alguém responsável, tem que ir a um Cartório e registar esta pessoa recém-nascida. Surge a partir daí a **Certidão de Nascimento**, feita em Cartório e que servirá para que possamos conseguir todos os nossos direitos e passar a ser sujeito de obrigações, à medida que crescemos.

E durante toda a vida será assim, de uma forma ou de outra, lutaremos pelos nossos direitos. Daí a importância do Direito em nossas vidas, até chegar um dia em que só restará a **Certidão de Óbito**, que será o documento válido para requerer alguma pensão, heranças, inventários etc. Outros a utilizarão. Aliás, a Certidão de nosso Óbito, é um documento que nunca seremos nós mesmos a utilizá-la.

O termo **direito** provém da palavra latina "**directum**", que significa reto, no sentido de retidão. O certo, o correto, o mais adequado. Contudo, como este compêndio destina-se a pessoas já familiarizadas com o tema, é preciso que passemos, mesmo aqui no final do livro, **o sentido nominal, etimológico do Direito.** Definição esta que deriva da própria essência, da origem da palavra, que veio lá do antigo **Direito Romano**, antes mesmo do nascimento de Jesus Cristo. Assim, de forma bem sintética: "**Direito é a qualidade daquilo que é regra**".

Na idade média, **Dante Alighieri** autor da "**Divina Comédia Humana**" deu uma das definições de Direito: "É **a proporção real e pessoal de homem para homem que, conservada, conserva a sociedade; e que, destruída, a destrói**". Por isto diz-se que devemos fazer as coisas direito. Isto numa explicação bem simplista. Entrando numa linguagem mais filosófica, podemos usar aqui a definição de Emanuel Kant: "Direito **é o conjunto de condições, segundo as quais, o arbítrio de cada um, pode coexistir com o arbítrio dos outros, de acordo com uma Lei geral de liberdade**".

Mas em verdade, na sua essência, o direito é um conceito em constante mutação, como vimos aqui no nosso livro, com mudanças de comportamentos das pessoas ao longo do tempo, criação de novas leis e de novas decisões. A sociedade vai se transformando, as pessoas vão mudando de comportamento todos os dias, e as leis são renovadas, para acompanhar a mudança dos costumes... Daí o porquê de elaboração de novos Códigos. Leis ultrapassadas não mais servem para julgar os atos e fatos que ocorrem no dia a dia, mais ainda no âmbito penal.

Vimos aqui situações ocorridas em várias épocas no Brasil. Casos acontecidos desde os tempos da Colônia, 1830 até os nossos dias. Desde então, foram muitas as mudanças sociais e de costumes. O que era crime antigamente hoje não mais é. As relações humanas não são mais as mesmas. E a libertinagem das pessoas, suas crenças e perspectivas, alteraram por demais os conceitos de moral, ética e religião. **Há uma inversão de valores a corromper a sociedade moderna,** que as leis não acompanham mais. Há até corrente de pensamento de ateus, querendo suprimir costumes religiosos tradicionais.

Mas nós temos que insistir em difundir os conhecimentos, e as tradições cristãs, seja através de livros, da internet, das salas de aula ou da conversa diária. Sempre temos algo a dizer, no objetivo de melhorar a vida na sociedade em que vivemos. Para isso devemos **sempre contar com a força do direito**, regulando condutas e exigindo obrigações, **caso contrário o mundo vira uma anarquia, beirando a barbárie social**.

Na medida em que o contingente populacional de determinados grupos sociais cresceu em número de habitantes, aglutinações de grupos ocorreram e, por consequência, maior é a necessidade de uma sistematização do direito, com o objetivo de que houvesse compreensão coletiva daquilo que o grupo desejava para si, mesmo que fosse por imposição de uma vontade individual, mas que aceita pelo coletivo.

Os grandes pensadores da humanidade, tais como **Jean Jacques Rousseau, Aristóteles, Platão, Montesquieu, Sócrates, Karl Marx, ou Max Weber, Emanuel Kant** e outros tantos filósofos e estudiosos, nas suas respectivas épocas, traduziram bem a preocupação de que o ser humano poderia carregar em seu âmago, um instinto egoístico que obrigaria as comunidades e os núcleos sociais estabelecerem critérios de convivência, que inibissem a atuação individual em detrimento dos direitos coletivos. Daí porque o regramento ou regulamento das condutas das pessoas na sociedade. **Daí o porquê das leis, das normas e das regras sociais, para melhorar a convivência pacífica entre as pessoas**.

A leitura de uma obra simples como esta, não deve apenas ficar no campo da ficção, do prazer de ler por ler somente. Ou até do seu aspecto histórico, ao narrar casos do cotidiano e situações ocorridas no nosso Estado e em outros locais do Brasil. Deve também servir de aprendizado, para que não se repitam certas atrocidades, certos crimes passionais, certas injustiças sociais, como as que vimos.

Daí a importância de se conhecer o direito na sua plenitude. Não apenas o direito de ir e vir, ou ficar naquela frase popular que dizia "O **seu direito começa quando termina o meu**"

...Ou vice-versa. Temos de nos aprimorar mais, estudando, agindo, reivindicando nossos direitos e cumprindo com nossos deveres, independente de sermos ou não estudantes ou profissionais da área. **Todos têm o dever de conhecer Leis, e se interessar pela aplicação delas, ao regular nossas condutas em sociedade**.

Terminando, é preciso que saibamos que o direito é aquilo que uma sociedade ou um grupamento social compreende como ideal de retidão e correto para a sua coletividade. A forma concreta de estabelecer os parâmetros da convivência social se materializa no conjunto de leis e normativos, respeitada a hierarquia das leis, exatamente para evitar que direitos de maior abrangência não sejam suplantados por direitos e regramentos inferiores.

Diante da diversidade de questões e litígios a serem enfrentados pelo homem na sociedade em que vivemos, fruto da criação ao longo da história, e agora em razão dos avanços sociais e dos conhecimentos, tornou-se necessário uma abordagem do direito de forma mais especializada.

Assim temos diversas vertentes de aplicabilidade do direito com suas especificidades. Enumerando apenas algumas vertentes podemos citar: Direito Civil; Direito Penal; Direito de Família; Direito do Trabalho; Direito Marítimo. Direito Imobiliário, Direito Empresarial; Direito Financeiro ou Tributário, Direito do Consumidor; Direito Eleitoral; Direito Ambiental, e o Direito da Informática e suas nuances, com implicações em conhecimentos novos, por causa dos crimes e relações surgidas com a Internet, que agora está mais na moda... Mas há outras vertentes.

Atualmente, somente em nosso País, temos mais de 25 especialidades ou ramos de especializações do Direito, com a forte tendência de que as áreas se multipliquem, requerendo ainda mais profissionais capacitados para atender aos novos "nichos" da demanda.

Na nossa sociedade, dita moderna, do século XXI, não se pode mais falar apenas em Juízes, Promotores, Advogados e Delegados, como os únicos profissionais do Direito. Há agora espaço e trabalho para muitos profissionais-técnicos que precisam também se especializar no âmbito jurídico, no conhecimento das leis e em conhecimentos paralelos utilizados na Polícia, na Justiça, na Medicina Legal e na Psiquiatria Forense. Existem muitas outras profissões tais como: de Contadores (peritos contábeis, por exemplo), Escrivães, Biólogos, Biomédicos e Peritos, que auxiliam os Agentes Públicos da área Jurídica, a dirimirem com maior exatidão e Justiça os conflitos sociais.

Daí a importância de que cada um de nós, trabalhando ou não na área jurídica, possa obter conhecimentos de direito, seja via cursos, pela Internet ou nos livros como este, para poder melhor viver em sociedade.

Enfim, lutar sempre pelos seus direitos, pois como dizia o mestre alemão **Rudolf Von Ihering** em sua obra **A Luta pelo Direito**: "**Quem não luta pelos seus direitos, não é digno deles.**"

NOME DA OBRA:" O LUVRO DAS CURIOSIDADES JURÍDICAS"

Autor: Antônio Luiz Gomes – Advogado/Escritor
Diagramação e Programação Visual: A. Gomes
Edição e Capa: Antonio Gomes e Amazon.com
Revisão: Gheyse Vanessa Ferrer César Cavalcante
Ano da Publicação desta Edição (Revisada) na Amazon.com março de 2020
(Publicado anteriormente no Clube de Autores com o título de Fatos e Curiosidades Jurídicas)

Copyright do Original: **2015© Certificado de Direito Autoral "Berne Convention" (INTL) e US Copyright Law (US) e UGC Geneva (INTL). 1ª Edição – AUTOR: Antônio Luiz Gomes. Copyright 2015© Antônio Luiz Gomes.**